Gesunde Küche

Vollwertkost

Übersetzung: Sibylie Czinczel
Redaktion: M & L GmbH, München
Gestaltung und Illustration: Uschi Müller
Umschlaggestaltung: Bine Cordes, Weyarn
Printed in Italy
ISBN 3-88199-650-8

Gesunde Küche

Vollwertkost

Über 150 Rezeptideen für die ganze Familie

Pawlak

Inhalt

Warum Vollwertkost?

Von Ärzten und Ernährungswissenschaftlern in der ganzen Welt wird heute die ballaststoffreiche Vollwertkost als eins der besten Mittel angesehen, sich gesund zu erhalten und die Gefahr zu verringern, an einer der vielen Zivilisationskrankheiten der westlichen Welt zu erkranken. In diesem Buch wird gezeigt, wie leicht es ist, eine schmackhafte und appetitanregende Vollwertkost zusammenzustellen. Es enthält eine große Auswahl von über 150 verführerischen Gerichten mit hohem Nährwert.

VOLLWERTKOST UND IHRE GESUNDHEIT

Die faserige Substanz, die die feste Struktur der pflanzlichen Zelle bildet, liefert die Ballaststoffe. Da diese Faser nicht unverdaulich ist, nahm man lange an, daß sie für unsere Ernährung keine Rolle spiele. Indem man sie den Nahrungsmitteln entzog, glaubte man, die Qualität dieser Nahrungsmittel zu verbessern (Weißmehl, Zucker usw.)
Heute hat man erkannt, daß die Faserstoffe ihre positive Wirkung zum Teil dadurch ausüben, daß sie die Zeit verkürzen, die die unverdaulichen Bestandteile der Nahrung brauchen, um das Verdauungssystem zu passieren. Darüberhinaus haben Forscher herausgefunden, daß unverdaute Faserstoffe biochemische Auswirkungen auf den Dickdarm haben sowie andere günstige metabolische Veränderungen bewirken. Diese Faserart ist als unlösliche Faser bekannt. Forschungen aus der letzten Zeit haben erbracht, daß eine zweite Faserart, die lösliche Faser, dazu beitragen kann, hohe Blutzucker- und Cholesterinspiegel zu senken. Der erhöhte Cholesterinspiegel ist ein Hauptfaktor bei der Entstehung von Koronarerkrankungen. Die Hauptlieferanten dieser Faser sind Hafer und Hülsenfrüchte wie Bohnen, Erbsen und Linsen.
Aus Statistiken geht hervor, daß die Menschen in den Entwicklungsländern erheblich mehr Ballaststoffe mit ihrer Nahrung aufnehmen als in den westlichen Ländern. Die Tatsache, daß viele Krankheiten, die in der westlichen Gesellschaft vorherrschen, in den Ländern der Dritten Welt kaum vorkommen, verleiht der weithin vertretenen ärztlichen Auffassung beträchtliches Gewicht, daß die Häufigkeit dieser westlichen Zivilisationskrankheiten in unmittelbarem Zusammenhang mit der geringen Aufnahme von Ballaststoffen und dem zu

großen Fettverbrauch steht. Zu diesen Leiden gehören: Verstopfung, Blinddarmentzündung, Hämorrhoiden, Dickdarmkrebs, Herzinfarkt, Venenentzündung, Gallensteine, Diabetes und Fettleibigkeit.

RICHTLINIEN FÜR EINE GESUNDE ERNÄHRUNG

Daß sich die westlichen Länder wieder mehr auf eine Ernährungsweise besinnen müssen, wie sie in der Dritten Welt üblich ist, wurde 1983 in der Studie der britischen Kommission für Ernährungserziehung (NACNE) hervorgehoben. In dem Bericht kam zum Ausdruck, wie wichtig es für die Erhaltung der Gesundheit ist, die Zusammensetzung der normalen Nahrung dahingehend zu ändern, daß man die tägliche Aufnahme von Ballaststoffen erhöht und den Verbrauch von Fett und Zucker einschränkt. Auch der Salzverbrauch sollte erheblich reduziert werden.

Ballaststoffe. Sie sollten anstreben, die Aufnahme von Ballaststoffen auf mindestens 30g pro Tag zu erhöhen. Der Ballaststoffanteil aller Rezepte in diesem Buch, die eine Vielzahl entsprechender Zutaten verwenden, wird in Gramm pro Portion angezeigt. Anhand dieser Zahlen und der Angaben in der Tabelle am Schluß des Buches ist es möglich, die tägliche Ballaststoffaufnahme zu planen und zu kontrollieren.

Fett. Der Energiegehalt von Speisen wird in Kilokalorien (kcal) - meist als Kalorien bezeichnet - oder Kilojoules (kJ) angegeben. Gramm für Gramm enthält Fett beinahe doppelt so viele Kalorien wie Proteine und Kohlehydrate, die beiden anderen Hauptbestandteile der menschlichen Nahrung. Der Fettanteil in der täglichen Ernährung sollte vom gegenwärtigen westlichen Durchschnitt von 40 Prozent der Gesamtkalorien pro Tag auf 30 Prozent gesenkt werden. Um Sie bei der Erreichung dieses Ziels zu unterstützen, haben wir in jedem Rezept den Fettgehalt in Gramm pro Portion angegeben. Denken Sie daran, daß 1g Fett 9kcal/38kJ enthält. Die empfohlenen Höchstmengen für Fett, bezogen auf den jeweiligen Kalorienbedarf, sind die folgenden:

Tägliche Energieaufnahme	Höchstmenge an Fett
1500 kcal/6400kJ	50 g
2000 kcal/8400 kJ	67 g
2500 kcal/10500kJ	83 g
3000 kcal/12600kJ	100 g

Es gibt zwei Arten von Fett, gesättigte und ungesättigte Fettsäuren. Beinahe alle Nahrungsmittel enthalten eine gewisse Menge Fett, doch sind es die gesättigten Fettsäuren, die hauptsächlich in Nahrungsmitteln tierischen Ursprungs vorkommen - wie z.B. Fleisch, Milch, Speck, Butter und Käse -, die Sie besonders einschränken sollten.
Der Fettgehalt aller Rezepte in diesem Buch wurde so gering wie möglich gehalten, indem fettreiche Nahrungsmittel wie Sahne, Vollmilch und fetter Käse durch fettärmere Alternativen wie Magerjoghurt, fettarme Milch und magere Käsesorten ersetzt wurden.

Für die Vorbeugung von Herzerkrankungen ist es wichtig, den Fettverbrauch insgesamt zu reduzieren und gesättigte Fette durch ungesättigte wie zum Beispiel pflanzliche Öle und Margarinesorten zu ersetzen, die reich an ungesättigten Fettsäuren sind. Vergessen Sie jedoch nicht, daß beide Fettarten in etwa den gleichen Kaloriengehalt aufweisen. Wenn Sie ein Rezept mit einem relativ hohen Fettgehalt wählen, versuchen Sie, zu den übrigen Mahlzeiten fettärmere Speisen zu sich zu nehmen, um eine gewisse Ausgewogenheit zu erreichen.

GEWICHTSABNAHME MIT BALLASTSTOFFREICHER KOST

Übergewicht ist eins von mehreren ernährungsbedingten Gesundheitsrisiken, da es zur Entstehung von Krankheiten wie Bluthochdruck, Koronarerkrankungen und Diabetes beitragen kann.
Sie nehmen zu, wenn Ihre Kalorienaufnahme Ihren Kalorien- oder Energiebedarf übersteigt. Dieser Energiebedarf wird durch Ihre Lebensweise, Ihr Alter und Ihr Geschlecht bestimmt. So braucht ein Sportler zum Beispiel mehr Energie als ein Büroangestellter, der den ganzen Tag am Schreibtisch sitzt.
Die Hauptursache ist meist in kalorienreichen Speisen zu suchen, die viel Zukker und Fett, aber wenig Ballaststoffe enthalten und kein Gefühl der Sättigung hinterlassen. Ballaststoffreiche Speisen sind meist kalorienärmer, füllen und sättigen jedoch mehr. Es ist also unbedingt zu empfehlen, den Anteil der Ballaststoffe in Ihrer Ernährung zu erhöhen, wenn Sie abnehmen wollen. Eine Zusammenstellung von regelmäßigen, wohl ausgewogenen Mahlzeiten mit wenig Zukker und Fett, aber vielen Ballaststoffen ist eine vernünftige und gesunde Art, diese überschüssigen Pfunde zu verlieren, und ist auf die Dauer wahrscheinlich viel erfolgreicher als jede Gewaltdiät.
Bei jedem Rezept in diesem Buch ist der jeweilige Kalorien- und Kilojoule-Gehalt pro Portion angegeben. Wenn Sie auf Kalorien achten müssen, können Sie hier Rezepte aussuchen, die Ihren besonderen Bedürfnissen entsprechen.

BALLASTSTOFFHALTIGE NAHRUNGSMITTEL

Ballaststoffe sind ausschließlich in Nahrungsmitteln pflanzlicher Herkunft enthalten. Diese große Gruppe von Nahrungsmitteln kann in drei Untergruppen eingeteilt werden: Getreideprodukte, Hülsenfrüchte, Obst und Gemüse.

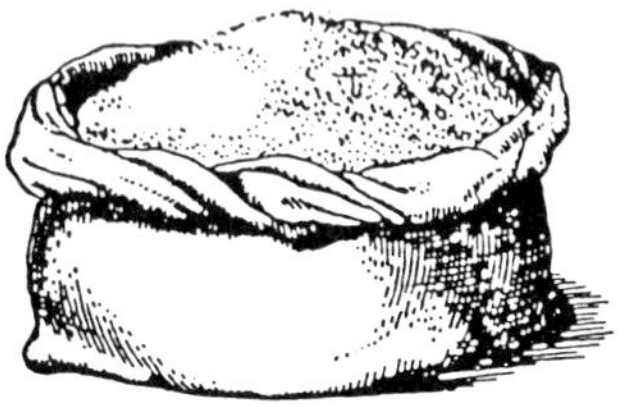

GETREIDEPRODUKTE. Vollkornprodukte, in denen die faserreiche Hülle erhalten bleibt, sind gute Quellen für Ballaststoffe. Sie sollten anstelle der verfeinerten Produkte verwendet werden, denen diese Stoffe beim Mahlen entzogen wurden. Für Brote und jede andere Art von Gebäck sollte möglichs steingemahlenes Vollkornmehl verwendet werden. Anstelle von weißem Reis sollte brauner Naturreis gegessen werden; er braucht eine etwas längere Garzeit, wird nicht ganz so weich, schmeckt dafür aber umso kerniger.

Heute gibt es in Supermärkten und Gesundheitsläden schon eine ganze Reihe von Vollkornnudelsorten zu kaufen. Auch sie brauchen eine etwas längere Garzeit als Nudeln aus Weißmehl, doch lohnen sich die wenigen Minuten unbedingt.

HÜLSENFRÜCHTE. Dazu gehören Bohnen, Erbsen und Linsen. Abgesehen von ihrem Ballaststoffgehalt, sind sie reich an Proteinen und werden in vielen vegetarischen Rezepten als Eiweißlieferanten verwendet.
Es gibt heutzutage ein großes Angebot an Hülsenfrüchen, die entweder in getrockneter Form oder in Dosen auf den Markt kommen. Bei den Bohnen gibt es verschiedene Arten von weißen Bohnen, die roten Kidney-Bohnen, Mung-Bohnen usw. Es gibt orangene Spaltlinsen und ganze grüne oder braune Linsen. Trockenerbsen reichen von der herkömmlichen grünen Art bis zu den goldgelben Spalterbsen.

OBST UND GEMÜSE. Das Angebot an Obst und exotischen Früchen - die unseren Speisezettel enorm bereichern - ist heute größer als je zuvor. Da Ballaststoffe vor allem in der Schale enthalten sind, sollte sie wo immer möglich mitverwendet werden. Obst und Gemüse sollten deshalb vor der Zubereitung immer gründlich gewaschen werden.
Kartoffeln können in der Schale gebakken, gekocht oder gedämpft werden. So gehen die wertvollen Bestandteile nicht verloren, die die Kartoffel zu einem so wichtigen Nahrungsmittel machen. Geschälte Kartoffeln, die dazu vielleicht noch in Fett gebacken werden, haben einen geringen Nährwert.
Früchte- und Gemüsepürees sollten im Mixer zubereitet werden, damit die Schalen und Kerne mitverwendet werden können.

UMSTELLUNG DER ERNÄHRUNG

Wenn diese Art der Speisenzubereitung für Sie und Ihre Familie neu ist, sollten Sie die Umstellung allmählich durchführen, anstelle von heute auf morgen Ihre Ernährung abrupt zu ändern.

DIE ZUBEREITUNG DER MAHLZEITEN

Das Essen sollte stets eine Quelle der Freude sein. Das sollten Sie immer bedenken, wenn Sie in Ihrer Familie eine gesündere, ballaststoffreiche Kost einführen wollen. Um die Umstellung zu erleichtern, versuchen Sie es vielleicht zuerst einmal mit einigen Lieblingsspeisen Ihrer Familienmitglieder, die in diesem Buch mit einem höheren Ballaststoffanteil aufgeführt sind, bevor Sie zu den unbekannten Rezepten übergehen.
Andere Speisen eignen sich ausgezeichnet zur Bewirtung von Freunden, die mit dieser Art des Kochens noch nicht vertraut sind.
Reichen Sie immer Vollkornbrötchen zu Mahlzeiten, die einen hohen Fettgehalt aufweisen. Stellen Sie keine Butter oder anderes Fett auf den Tisch. Versuchen Sie auch, Ihre Familienmitglieder dazu zu bringen, daß sie nicht automatisch ihre Speisen nachsalzen. In den vorliegenden Rezepten ist kein Salz enthalten; Sie können natürlich in der ersten Zeit Salz zugeben und die Menge in dem Maß verringern, in dem Ihre Familie sich an den neuen Geschmack gewöhnt.

Entwickeln Sie einen gesunden Widerwillen gegen zuckersüße Nachspeisen, indem Sie sie durch die natürliche Süße reifer Früchte ersetzen. Einige der Rezepte mit Nachspeisen enthalten keinen zusätzlichen Zucker.
Belegte Brote brauchen nicht mit Butter oder Margarine bestrichen zu werden; probieren Sie stattdessen unsere Rezepte für Dattelaufstrich oder Erdnußbutter aus. Sie können auch Aufstriche von cremiger Beschaffenheit verwenden; diese sollten allerdings nicht zu feucht sein, da sonst das Brot leicht feucht wird.

NÜTZLICHE TIPS

Verwenden Sie frische Vollkornbrösel anstelle von geriebenem Käse als Belag.
Dicken Sie Flüssigkeiten mit Haferflokken anstelle mit Butter und Mehl oder einem Dickungsmittel an.
Stellen Sie Gemüsepürees anstelle fettreicher Saucen für Fisch und Geflügel her.
Mischen Sie ungesüßte Früchtepürees mit einfachem, ungesüßtem Joghurt, statt fertigen Fruchtjoghurt zu kaufen.
Beim Kochen können Sie anstelle von Sahne einfaches, ungesüßtes Joghurt in stabilisierter Form verwenden. Dazu 1 Eßlöffel Maisstärke mit etwas fettarmer Milch glattrühren. In 1 l Joghurt rühren, und zwar nur in einer Richtung. Das Joghurt langsam zum Kochen bringen und im offenen Topf etwa 8 Minuten schwach kochen lassen, bis es andickt. Es besteht dann keine Gefahr mehr, daß das Joghurt gerinnt.
Tupfen Sie mit Küchenkrepp überschüssiges Öl von Fischkonserven.
Lassen Sie überschüssiges Fett von gebratenem Schinken auf Küchenkrepp abtropfen.
Lassen Sie Brühe kaltwerden, damit das Fett erstarrt und leicht von der Oberfläche abgeschöpft werden kann. Entfernen Sie vor dem Kochen soviel Fett wie möglich vom Fleisch.
Nehmen Sie mit Küchenkrepp überschüssiges Öl ab, wenn Sie Zwiebeln oder andere Gemüse in der Pfanne angedünstet haben.
Anstelle zu braten sollten Sie die entsprechenden Speisen grillen, backen oder dämpfen.
Die meisten Hülsenfrüchte sollten über Nacht in kaltem Wasser eingeweicht werden. Es ist wichtig, rote Kidney-Bohnen und besonders Sojabohnen 10 Minuten sprudelnd kochen zu lassen, bevor sie bei schwacher Hitze weitergegart oder zu anderen Zutaten in einen Topf gegeben werden. Auf diese Weise werden schädliche Enzyme in den Bohnen zerstört.
Der Ballaststoffanteil von Nahrungsmitteln wird durch das Kochen in keiner Weise verändert; damit ergibt sich ein breiter Spielraum für Abwandlungen bei der Zubereitung. Die Speisen jedoch nicht durch ein Sieb streichen, da dann Faseranteile verlorengehen können.
Um die Fettmenge zum Andünsten von Gemüsen oder Backen von Pfannkuchen möglichst gering zu halten, wird eine besonders schwere, beschichtete Bratpfanne benötigt.
Es ist von Vorteil, wenn man über eine Reihe von antihaftbeschichteten Kuchenformen und -blechen verfügt. Andere Formen sollten mit Pergamentpapier ausgelegt werden. Wenn dies nicht möglich ist, können die Formen mit etwas pflanzlichem Öl bestrichen werden.
Reduzieren Sie Ihren Fettverbrauch durch Verwendung von fettarmer Milch oder Magermilch und fettarmem Frisch- oder Hartkäse.
Nüsse kauft man am besten mit den Schalen, um sicherzugehen, daß sie nicht gesalzen oder in Fett geröstet worden sind.

Suppen

LINSENSUPPE MIT CURRY

Für 6 Personen:
1 Eßlöffel Öl,
2 mittlere Zwiebeln, feingehackt,
2 Knoblauchzehen, zerdrückt,
225g rote Linsen, 1 Stunde in kaltem Wasser eingeweicht,
1 l Wasser,
1 Lorbeerblatt,
1/2 Teelöffel Ingwerpulver,
1/2 Teelöffel Kurkumapulver,
2 Teelöffel Currypulver,
frisch gemahlener schwarzer Pfeffer,
Zitronensaft.
Zum Garnieren:
Gehackte Petersilie.

Eine Portion: Energie 170kcal/ 720kJ, Fett 3g, Ballaststoffe 6g

Das Öl in einem Topf erhitzen und Zwiebeln und Knoblauch darin langsam dünsten, bis sie weich, aber noch nicht verfärbt sind. Die abgetropften Linsen mit dem Wasser, Lorbeerblatt, Ingwer-, Kurkuma- und Currypulver sowie Pfeffer zugeben. Zum Kochen bringen und 45 Minuten schwach kochen lassen, dabei gelegentlich umrühren. Nach Geschmack Zitronensaft zugeben, abschmecken und mit gehackter Petersilie bestreuen.

Linsensuppe mit Curry

HAFERFLOCKEN-GEMÜSESUPPE

Für 4 Personen:
1 Eßlöffel Olivenöl,
1 mittlere Zwiebel, feingehackt,
1 Möhre, geschabt und gehackt,
1 weiße Rübe, geschält und gehackt,
1 Stange Porree, gewaschen und gehackt,
25 g mittelgrobe Haferflocken,
600ml Brühe,
frisch gemahlener schwarzer Pfeffer,
1 Teelöffel gehackte Petersilie,
450ml fettarme Milch.

Eine Portion: Energie 125kcal/ 520kJ, Fett 5 g, Ballaststoffe 3 g

Das Öl in einem Topf erhitzen. Die vorbereiteten Gemüsearten zugeben und bei schwacher Hitze rühren, bis alles Öl eingezogen ist. Den Topf zudecken und das Gemüse 2-3 Minuten dünsten. Die Haferflocken zugeben und weitere 3 Minuten bei mittlerer Hitze rühren. Die Brühe hineingießen, gut umrühren und zum Kochen bringen. Die Hitze herunterschalten und zugedeckt 45 Minuten schwach kochen lassen. Abschmecken und die Petersilie zugeben.
In einem anderen Topf die Milch beinahe bis zum Kochen bringen. In die Suppe rühren und noch einmal abschmecken. Ganz heiß servieren.

BLUMENKOHL-SUPPE

Für 6 Personen:
200g Blumenkohlröschen,
400ml einfaches, ungesüßtes Joghurt,
6 Eßlöffel Hühnerbrühe,
75g rote Paprika, entkernt und gehackt,
50g Walnüsse, gehackt,
frisch gemahlener schwarzer Pfeffer.

Eine Portion: Energie 85kcal/355kJ, Fett 5g, Ballaststoffe 1g

Alle Zutaten im Mixer pürieren. Gut gekühlt servieren, dazu knusprige Vollkornbrötchen reichen.

GURKEN-JOGHURTSUPPE

Für 4 Personen:
1 mittelgroße Gurke, gewaschen,
600ml einfaches, ungesüßtes Joghurt,
1 Knoblauchzehe, zerdrückt,
2 Teelöffel gehackte frische Minze,
frisch gemahlener schwarzer Pfeffer.
Zum Garnieren:
50g Walnüsse, zerdrückt.

Eine Portion: Energie 150kcal/620kJ, Fett 8g, Ballaststoffe 1g

Die Gurke mit der Schale würfeln und mit dem Joghurt, dem Knoblauch und der Minze in den Mixer geben. Zu einem glatten Püree verarbeiten. Mit Pfeffer abschmecken. Die Suppe kalt servieren, garniert mit gehackten Walnüssen, und dazu knusprige Vollkornbrötchen reichen.

ORANGENSAFT-MÖHRENSUPPE

Für 4 Personen:
1 Eßlöffel Olivenöl,
1 Knoblauchzehe, zerdrückt,
1 mittlere Zwiebel, feingehackt,
500g Möhren, geschabt und grob geraspelt,
900ml Wasser,
2 Eßlöffel Orangensaft,
feingeriebene Schale von 1 Orange,
1 Teelöffel Tomatenmark,
frisch gemahlener schwarzer Pfeffer,
1 Teelöffel Maisstärke,
2 Eßlöffel kaltes Wasser,
150ml fettarme Milch.
Zum Garnieren:
1 Teelöffel gehackte Petersilie.

Eine Portion: Energie 90kcal/390kJ, Fett 4g, Ballaststoffe 4g

Das Öl in einem Topf erhitzen, den Knoblauch, die Zwiebel und die Möhren zugeben. Umrühren und im zugedeckten Topf bei schwacher Hitze etwa 5 Minuten dünsten. Das Wasser, den Orangensaft, die geriebene Orangenschale und das Tomatenmark zugeben. Abschmekken. Zugedeckt 30 Minuten schwach kochen lassen. Vom Herd nehmen und in einen Mixer gießen.
Die Maisstärke mit dem kalten Wasser glattrühren und in die Suppe gießen. Die Milch unterrühren und im Kühlschrank kaltstellen. Vor dem Servieren noch einmal abschmecken und mit der gehackten Petersilie bestreuen.

Links: Liebstöckel-Gemüsesuppe

LIEBSTÖCKEL-GEMÜSESUPPE

Für 4 Personen:
2 Eßlöffel Olivenöl,
1 mittelgroße Zwiebel, in dünne Streifen geschnitten,
175 g Möhren in dünnen Scheiben,
175 g Pastinak in dünnen Scheiben,
175 g weiße Rüben in dünnen Scheiben,
1 l Hühnerbrühe,
frisch gemahlener schwarzer Pfeffer,
4 Eßlöffel einfaches, ungesüßtes Joghurt,
3 Eßlöffel gehackter Liebstöckel.

Eine Portion: Energie 120 kcal/ 510kJ, Fett 8 g, Ballaststoffe 5 g

Das Öl erhitzen und die Zwiebel vorsichtig dünsten; nach vier Minuten die anderen Gemüsearten zugeben. Bei schwacher Hitze weitere 8 Minuten dünsten, dann die erhitzte Brühe zugeben. Mit Pfeffer abschmecken und zugedeckt 30 Minuten kochen lassen, bis das Gemüse gar ist.
Kurz im Mixer pürieren oder durch einen groben Durchschlag drücken und in den Topf zurückgeben. Noch einmal erhitzen, abschmecken und das Joghurt unterrühren. Den gehackten Liebstöckel unterrühren und die Suppe vor dem Servieren etwas durchziehen lassen.

RINDERHACK MIT BOHNEN

Für 4 Personen:
100g rote Kidney-Bohnen, über Nacht in Wasser eingeweicht, oder 425g Kidney-Bohnen aus der Dose und 300ml Rinderbrühe,
120g mageres Rinderhack,
1 große Zwiebel, feingehackt,
425g Dosentomaten,
1 Teelöffel Tomatenmark,
450ml Rinderbrühe,
frisch gemahlener schwarzer Pfeffer,
ca. 1 Teelöffel Chilipulver,
1 Teelöffel Maisstärke.

Eine Portion: Energie 130kcal/535kJ, Fett 2g, Ballaststoffe 7g

Chilipulver ist je nach der verwendeten Marke unterschiedlich scharf und sollte vorsichtig verwendet werden.
Bei Verwendung von Trockenbohnen die eingeweichten Bohnen abtropfen lassen, in einen Topf geben und mit Wasser bedecken. Zum Kochen bringen und 10 Minuten sprudelnd kochen lassen. Dann zugedeckt 1 1/2 Stunden bei schwacher Hitze weiterkochen. Abgießen und 300ml Kochflüssigkeit aufheben.
Vom Herd nehmen, abschmecken, die mit etwas Wasser angerührte Maisstärke zugeben und die Suppe noch einmal aufkochen. In Suppenschalen servieren und warme Vollkornbrötchen dazu reichen.

Das Rinderhack bei schwacher Hitze in einer Pfanne ohne zusätzliches Fett anbraten, gelegentlich umrühren. Die Zwiebel zugeben und weitere 5 Minuten dünsten. Die Tomaten, das Tomatenmark, die Brühe, Pfeffer, Chilipulver und die abgetropften Bohnen mit der aufbewahrten Flüssigkeit zugeben. Bei Verwendung von Bohnen aus der Dose diese abgießen, unter kaltem Wasser abspülen und mit der Rinderbrühe zugeben.
Aufkochen lassen und zugedeckt etwa 1 Stunde schwach kochen lassen.

BRUNNENKRESSE-SUPPE

Für 4 Personen:
300 g gekochte Kartoffeln, kleingehackt,
750ml Hühnerbrühe,
120 g Brunnenkresse,
frisch gemahlener schwarzer Pfeffer.
Zum Garnieren:
Brunnenkressezweige.

Eine Portion: Energie 70kcal/295kJ, Fett geringfügig, Ballaststoffe 3 g

Die Tomaten mit der Brühe und der Brunnenkresse im Mixer pürieren. Mit Pfeffer würzen, in einen Topf geben und unter häufigem Rühren aufkochen.
Die Suppe mit frischen Brunnenkresse-Stengeln garnieren und servieren.

TOPINAMBUR-SUPPE

Für 4 Personen:
1 Eßlöffel Olivenöl,
1 mittlere Zwiebel, gehackt,
1 Knoblauchzehe, gehackt,
1 große Möhre, geschabt und geschnitten,
750g Topinamburknolle, geschabt und gehackt,
1 mittlere Kartoffel, geschält und gehackt,
600ml Hühnerbrühe,
1 Stengel Petersilie,
1 Lorbeerblatt,
frisch gemahlener schwarzer Pfeffer,
600ml fettarme Milch,
1/2 Teelöffel geriebene Mußkatnuß.
Zum Garnieren:
Gehackte frische Petersilie, geröstete Vollkorn- Brotwürfel.

Eine Portion: Energie 145kcal/ 600kJ, Fett 4g, Ballaststoffe 1g

Das Öl in einem großen Topf erhitzen, die Zwiebel zugeben und darin glasig dünsten. Den Knoblauch und die Möhren zugeben und noch 2-3 Minuten dünsten. Dann die Artischocken- und Kartoffelstücke zufügen, mit der Brühe bedecken und zum Kochen bringen. Die Petersilie, das Lorbeerblatt und den Pfeffer zufügen und zugedeckt bei schwacher Hitze 20 Minuten kochen lassen.
Das Lorbeerblatt herausnehmen. Die Suppe mit der Milch im Mixer pürieren und in den ausgespülten Topf zurückgeben. Die geriebene Muskatnuß unterrühren und vorsichtig noch einmal erhitzen. Abschmecken.
Mit etwas Petersilie und gerösteten Vollkorn-Brotwürfeln garnieren und sehr heiß servieren.

SPINATSUPPE

Für 4 Personen:
1Eßlöffel Olivenöl,
1 mittlere Zwiebel, gehackt,
450 g Gefrierspinat,
225 g Kartoffeln, geschält und gewürfelt,
900ml Hühnerbrühe,
frisch gemahlener schwarzer Pfeffer,
1 Prise gemahlene Muskatnuß,
1 Teelöffel Zitronensaft,
300ml einfaches, ungesüßtes Joghurt, stabilisiert.
Zum Garnieren:
Geröstete Vollkorn-Brotwürfel.

Eine Portion: Energie 155kcal/ 650kJ, Fett 6 g, Ballaststoffe 6 g

Das Öl in einem Topf erhitzen und die Zwiebel darin vorsichtig weichdünsten. Den Spinat zugeben und langsam auftauen lassen. Die Kartoffelwürfel, die Brühe, Pfeffer nach Geschmack, Muskat und Zitronensaft hineinrühren. Zum Kochen bringen und im zugedeckten Topf bei schwacher Hitze etwa 20 Minuten kochen lassen, bis die Kartoffelwürfel zu zerfallen beginnen. Wenn eine glatte Suppe gewünscht wird, die Mischung pürieren. Wieder in den Topf geben, abschmecken und das Joghurt unterrühren. Noch einmal vorsichtig erhitzen. Mit im Ofen gerösteten Brotwürfeln servieren.

KÜRBISSUPPE MIT BASILIKUM

Für 4 Personen:
450 g Kürbis, geschält und in 2cm dicke Würfel geschnitten,
225 g Möhren, geschabt und in dünne Scheiben geschnitten,
900ml Hühnerbrühe,
1 Eßlöffel Olivenöl,
1 mittlere Zwiebel, gehackt,
225 g Tomaten, grob gehackt,
frisch gemahlener schwarzer Pfeffer,
1 Prise feiner Zucker,
2 Eßlöffel frisches gehacktes Basilikum.

Eine Portion: Energie 75kcal/203kJ, Fett 4 g, Ballaststoffe 3 g

Die Kürbiswürfel und Möhren mit der Brühe in einen Topf geben und zum Kochen bringen. Zugedeckt 20 Minuten schwach kochen lassen, bis das Gemüse gar ist.
Das Öl in einem Topf erhitzen und die Zwiebel darin 4-5 Minuten vorsichtig dünsten. Die Tomaten zugeben und 6 Minuten leicht dünsten, bis sie etwas breiig sind.
Die Kürbis- und Möhrenstücke im Mixer kurz pürieren und etwa 300ml Flüssigkeit zugeben, bis eine cremeartige Masse entsteht. Die Zwiebeln und Tomaten mit Saft zugeben. Pfeffer, 1 Prise Zucker und Basilikum zugeben. Zugedeckt 5 Minuten ziehen lassen.

LINSENSUPPE MIT KRÄUTERN

Für 4 Personen:
100g Linsen, 1 Stunde in kaltem Wasser eingeweicht,
1,2 l Kalbs-, Hühner- oder Wildbrühe,
2 Teelöffel Olivenöl,
1 kleine Zwiebel, gehackt,
1 Knoblauchzehe, zerdrückt,
100g Mangold oder Spinat, geschnitten,
frisch gemahlener schwarzer Pfeffer,
50g gehackte gemischte Kräuter: Sauerampfer, Petersilie, Kerbel, Estragon, Liebstöckel und Zitronenmelisse,
1 Eßlöffel Zitronensaft,
150ml einfaches, ungesüßtes Joghurt oder Buttermilch.

Eine Portion: Energie 105kcal/445kJ, Fett 2g, Ballaststoffe 5g

Das Einweichwasser abgießen und die Linsen mit der Brühe in einen großen Topf geben. Zum Kochen bringen und bei schwacher Hitze garen - 30 Minuten bei roten Linsen, ca. 45 Minuten bei braunen Linsen.
Das Öl in einer Pfanne erhitzen und die Zwiebeln darin goldgelb dünsten, zwischendurch den Knoblauch zugeben. Wenn die Linsen gar sind, den Spinat hineingeben und nach Geschmack pfeffern. Weiter schwach kochen lassen, bis der Spinat gar ist (ca. 8 Minuten), dann die Zwiebel, den Knoblauch und die grobgehackten Kräuter zugeben. Noch etwa 2-3 Minuten kochen, dann etwas abkühlen lassen. Im Mixer pürieren und den Zitronensaft und das Joghurt oder die Buttermilch unterrühren. Sofort servieren, falls die Suppe noch einmal aufgewärmt wird, nicht aufkochen lassen, da sonst das Joghurt gerinnt.

Linsensuppe mit Kräutern

ROTE-BEETE-SUPPE

Für 4 Personen:
375g Rote Beete, geschält und grob geraspelt,
600ml Rinderbrühe,
300ml Tomatensaft, vorzugsweise selbst hergestellt und ungesüßt,
300ml Orangensaft, ungesüßt,
frisch gemahlener schwarzer Pfeffer.
Zum Garnieren:
Feingehackter Schnittlauch.

Eine Portion: Energie 60kcal/260kJ, Fett geringfügig, Ballaststoffe 3g

Die Rote Beete mit der Brühe in einem Topf zum Kochen bringen und 30 Minuten bei schwacher Hitze garen. Den Tomaten- und Orangensaft zugeben und nach Geschmack pfeffern.
Die Suppe wird mit Schnittlauch bestreut und kann heiß oder kalt serviert werden.

TOMATENSUPPE

Für 4 Personen:
1 Eßlöffel Olivenöl,
1 mittlere Zwiebel, feingehackt,
100 g geschälte Kartoffeln, in dünne Scheiben geschnitten,
750 g reife Tomaten, geviertelt,
300ml Wasser,
1 kleines Lorbeerblatt,
2 Teelöffel Tomatenmark,
150ml fettarme Milch,
frisch gemahlener schwarzer Pfeffer.
Zum Garnieren:
gehackter frischer Thymian.

Eine Portion: Energie 100kcal/ 420kJ, Fett 4 g, Ballaststoffe 4 g

Das Öl in einem Topf erhitzen und die Zwiebel bei schwacher Hitze weichdünsten. Die Kartoffeln, Tomaten, das Wasser, Lorbeerblatt und Tomatenmark zugeben. Etwa 20 Minuten schwach kochen lassen, bis die Kartoffeln gar sind. Das Lorbeerblatt entfernen. Die Mischung im Mixer zu einem glatten Püree verarbeiten, dann in den Topf zurückgeben. Die Milch zugeben und mit Pfeffer würzen. Unter häufigem Rühren aufkochen. Mit gehacktem Thymian garniert servieren.

PFLAUMENSUPPE

Für 6 Personen:
225 g Dörrpflaumen, entsteint und über Nacht in 1,2 l kaltem Wasser eingeweicht,
1 Zimtstange,
50 g Rosinen,
dünngeschälte Schale von 1/2 Orange,
dünngeschälte Schale von 1/2 Zitrone,
2 Eßlöffel zarte Haferflocken.

Eine Portion: Energie 100kcal/ 425kJ, Fett geringfügig, Ballaststoffe 7 g.

Die Dörrpflaumen mit der Einweichflüssigkeit in einen Topf geben. Die Zimtstange, die Rosinen und die Zitrusschalen zugeben. Zum Kochen bringen und in etwa 15 Minuten garen. Die Zimtstange herausnehmen. Die Mischung im Mixer pürieren und wieder in den Topf geben. Die Haferflocken hineinrühren und aufkochen. Unter häufigem Rühren 15-20 Minuten schwach kochen lassen.

SCHWARZE BOHNENSUPPE

Für 4 Personen:
125 g schwarze Bohnen, über Nacht in kaltem Wasser eingeweicht,
1,2 l kaltes Wasser,
1 Selleriestange, gewürfelt,
1 mittlere Zwiebel gehackt,
1 Eßlöffel trockener Sherry,
frisch gemahlener schwarzer Pfeffer.
Zum Garnieren:
1 hartgekochtes Ei, in dünne Scheiben geschnitten,
1 Zitrone, in dünne Scheiben geschnitten.

Eine Portion: Energie 135 kcal/ 565kJ, Fett 2 g, Ballaststoffe 5 g

Die Bohnen abtropfen lassen und mit dem kalten Wasser in einen Topf geben. Zum Kochen bringen und 10 Minuten sprudelnd kochen lassen. Die Hitze herunterschalten und den Sellerie und die Zwiebel zugeben. Zudecken und bei schwacher Hitze 1 1/4 Stunden kochen lassen, bis die Bohnen gar sind. Das hängt davon ab, wie lange die Bohnen eingeweicht waren. Im Mixer zu einem glatten Püree verarbeiten. Die Suppe wieder in den Topf geben, den Sherry zugeben und mit Pfeffer abschmecken. Aufkochen. Die einzelnen Portionen mit Ei- und Zitronenscheiben garnieren.

GRÜNE ERBSENSUPPE

Für 6 Personen:
550g Gefriererbsen, möglichst fein,
4 Salatblätter,
900 ml Hühnerbrühe,
40g Frühlingszwiebel, gehackt,
frisch gemahlener schwarzer Pfeffer.
Zum Garnieren:
Gehackte Minze.

Eine Portion: Energie 50kcal/220kJ, Fett geringfügig, Ballaststoffe 7g

Alle Zutaten in einen Topf geben, zum Kochen bringen und 5 Minuten schwach kochen lassen. Im Mixer pürieren.
Die Suppe gut gekühlt und mit gehackter frischer Minze bestreut servieren. Dazu Vollkornbrötchen reichen.

AVOCADO-KALTSCHALE

Für 4-6 Personen:
3 reife Avocados,
3-4 Eßlöffel Zitronensaft,
425ml klare Brühe,
175ml einfaches, ungesüßtes Joghurt,
frisch gemahlener schwarzer Pfeffer.
Zum Garnieren:
Gehackter Schnittlauch.

Eine Portion bei 4 Personen: Energie 190kcal/800kJ, Fett 19g, Ballaststoffe 2g
Eine Portion bei 6 Personen: Energie 125kcal/530kJ, Fett 13g, Ballaststoffe 2g

Die Avocados halbieren und das Fleisch herauslösen. Alle Zutaten - außer Schnittlauch - in den Mixer geben und auf starker Stufe pürieren, bis eine glatte Masse entsteht. Mit etwas Schnittlauch bestreuen, kaltstellen und mit knusprigen Vollkornbrötchen servieren.

ZUCCHINISUPPE

Für 4 Personen:
450g Zucchini, ungeschält und in dünne Scheiben geschnitten,
600ml Hühnerbrühe,
1/2 Teelöffel gehacktes frisches Basilikum,
1/2 Teelöffel gehackter frischer Thymian,
1/2 Teelöffel gehackter frischer Majoran,
300ml fettarme Milch,
frisch gemahlener schwarzer Pfeffer.

Eine Portion: Energie 45kcal/ 180kJ, Fett vernachlässigbar, Ballaststoffe 2g

Die Zucchinischeiben mit der Brühe in einen Topf geben. Zum Kochen bringen und in etwa 15 Minuten garen. Abkühlen lassen.
Die Kräuter zugeben und im Mixer pürieren. Die Masse wieder in den Topf geben, die Milch unterrühren und mit Pfeffer abschmecken. Die Suppe noch einmal erhitzen, aber nicht kochen.

MÖHRENSUPPE MIT BANANEN

Für 4 Personen:
225 g Möhren, geschabt und feingehackt,
600ml kaltes Wasser,
450ml Hühnerbrühe,
3 mittelgroße Bananen ohne Schale,
frisch gemahlener schwarzer Pfeffer.

Eine Portion: Energie 60kcal/220kJ, Fett geringfügig, Ballaststoffe 4 g

Die Möhren mit dem Wasser in einen Topf geben, zum Kochen bringen und bei schwacher Hitze garen. Die Brühe und die Bananen zugeben und das Ganze wieder zum Kochen bringen.
Anschließend im Mixer zu einem glatten Püree verarbeiten. Mit Pfeffer abschmecken. Diese Suppe kann heiß oder kalt serviert werden.

Hauptgerichte

MÖHREN-AUFLAUF

Für 4 Personen:
175g Vollkornmehl,
1 1/2 Teelöffel Backpulver,
50g Margarine,
1 Scheibe magerer Schinkenspeck ohne Schwarte, gewürfelt,
1 Eßlöffel gehackte Petersilie,
225g Möhren, geschabt und gerieben,
2 Zwiebeln, feingehackt,
1 Teelöffel feiner Zucker,
1/2 Teelöffel getrockneter Thymian,
frisch gemahlener schwarzer Pfeffer,
120ml Hühnerbrühe,
2 Eier, geschlagen.

Eine Portion: Energie 325kcal/ 1375kJ, Fett 14g, Ballaststoffe 8g

Das Mehl in eine Schüssel sieben. Mit den Fingern die Margarine einarbeiten, bis eine krümelige Masse entsteht. Den Schinkenspeck, die Petersilie, geriebene Möhren, Zwiebeln, Zucker, Thymian und Pfeffer nach Geschmack zugeben und gut miteinander vermischen. Die Brühe und die geschlagenen Eier unterrühren. In eine leicht eingeölte Wasserbadform mit Deckel (ca. 1 l Inhalt) gießen und zugedeckt im Wasserbad etwa 2 Stunden dämpfen. Heiß servieren.

MUSCHELN AUF FISCHERART

Für 4 Personen:
48 Muscheln,
6 Schalotten, gehackt,
300ml herber Apfelwein,
50g Haferflocken,
2 Eßlöffel gehackte Petersilie,
frisch gemahlener schwarzer Pfeffer.

Eine Portion: Energie 160kcal/ 600kJ, Fett 3g, Ballaststoffe 2g

Die Muscheln waschen und gründlich abbürsten. Geöffnete Muscheln wegwerfen. Die Muscheln mit den Schalotten und dem Apfelwein in einen schweren Topf geben. Zudecken und 5 Minuten sprudelnd kochen lassen, bis sich alle Muscheln geöffnet haben; Muscheln, die sich nicht öffnen, wegwerfen.
Die Muscheln aus dem Kochsud herausnehmen und die obere Schale jeder Muschel abtrennen und wegwerfen. Die Muscheln gleichmäßig auf vier tiefe Teller verteilen und warmstellen.
Die Haferflocken in einen Topf geben und allmählich die Kochflüssigkeit von den Muscheln zugießen. Aufkochen und schwach kochen lassen, bis die Flüssigkeit etwas andickt, dabei ständig rühren. Die Petersilie hineinrühren, dann nach Geschmack pfeffern. Die Sauce über die Muscheln gießen und sofort servieren.

ROCHEN MIT ZUCCHINI

Für 4 Personen:
1 kg Rochen in Stücken,
1 Eßlöffel Zitronensaft,
frisch gemahlener schwarzer Pfeffer,
1 Eßlöffel Olivenöl,
1 kleine Zwiebel, in dünne Streifen geschnitten,
4 kleine Zucchini, in dünne Stifte geschnitten,
100g Gefriererbsen,
50g Anchovis, abgetupft und gehackt,
1 Eßlöffel Kapern.
Zum Garnieren:
Zitronenspalten.

Eine Portion: Energie 165kcal/685kJ, Fett 1g, Ballaststoffe 2g

Eine flache feuerfeste Form mit leicht eingeölter Folie auslegen, die Fischstükke darauflegen, mit Zitronensaft beträufeln und nach Geschmack mit Pfeffer bestreuen. Mit Folie bedecken und im vorgeheizten Backofen bei 200° (Gas Stufe 6) 20 Minuten backen. Auf eine vorgewärmte Servierplatte geben und warmhalten. Den Kochsud aufbewahren.
Das Öl in einem kleinen Topf erhitzen, die Zwiebel hineingeben und weich dünsten, ohne daß sie braun werden.
Die Zucchinistifte und Erbsen zugeben und 5 Minuten dünsten. Dann die Anchovis, Kapern, Pfeffer nach Geschmack und den Fischsaft zugeben und langsam erhitzen. Auf dem Fisch verteilen und die Platte mit Zitronenspalten garnieren.

GEFÜLLTE KOHLBLÄTTER

Für 4-6 Personen:
12 mittlere Kohlblätter,
1 Eßlöffel Olivenöl,
1 mittlere Zwiebel, gehackt,
1 Knoblauchzehe, zerdrückt,
50g Pilze, blättrig geschnitten,
225g Walnüsse, gehackt,
175g gekochter Naturreis,
225g gekochtes Hühnerfleisch, gehackt,
1 Eßlöffel Tomatenmark,
2 Teelöffel gehackte Petersilie,
1/2 Teelöffel gehackter Thymian,
frisch gemahlener schwarzer Pfeffer,
250ml Hühnerbrühe.

Eine Portion bei 4 Personen: Energie 275kcal/1145kJ, Fett 12g, Ballaststoffe 3g
Eine Portion bei 6 Personen: Energie 180kcal/765kJ, Fett 8g, Ballaststoffe 2g

Die Kohlblätter 2 Minuten in kochendem Wasser blanchieren. Das Wasser abgießen und die Kohlblätter abspülen. Das Öl in einer Pfanne erhitzen. Die Zwiebel und den Knoblauch zugeben und weichdünsten. Die Pilze und Walnüsse hineinrühren und 3 Minuten mitdünsten. Die Pfanne vom Herd nehmen und den Reis, das Hühnerfleisch, Tomatenmark, die Kräuter und Pfeffer nach Geschmack hineingeben. Alles gründlich miteinander vermischen.
Die Fleischmischung gleichmäßig auf die Kohlblätter verteilen und sie zu viereckigen Päckchen zusammenfalten. In eine leicht geölte feuerfeste Form legen. Die Brühe darübergießen. Zugedeckt im vorgeheizten Backofen bei 180° (Gas Stufe 4) 30 Minuten schmoren.

WINTERKOHL MIT ÄPFELN

Für 4-6 Personen:
1 Eßlöffel Olivenöl,
1 Zwiebel, feingehackt,
1 kleiner Weißkohl oder Wirsing, geputzt und in 1cm breite Streifen geschnitten,
4 rote Tafeläpfel, entkernt und in Spalten geschnitten,
feingeriebene Schale von 1 Zitrone,
3 Eßlöffel Zitronensaft,
2 Teelöffel brauner Zucker,
frisch gemahlener schwarzer Pfeffer,
150ml gut gewürzte Hühnerbrühe.
Zum Garnieren:
25g gehobelte Mandeln, leicht geröstet.

Eine Portion bei 4 Personen:
Energie 140kcal/585kJ, Fett 7g, Ballaststoffe 5g
Eine Portion bei 6 Personen:
Energie 90kcal/390kJ, Fett 5g, Ballaststoffe 4g

Das Öl in einem Topf erhitzen, die Zwiebel zugeben und 5 Minuten vorsichtig dünsten, ohne daß die Zwiebel dabei braun wird. Den Kohl zugeben und gut vermischen. Die Äpfel, Zitronenschale und -saft sowie den Zucker zugeben und mit reichlich Pfeffer würzen. Die Brühe darübergießen und zum Kochen bringen, die Hitze herunterschalten und 40-45 Minuten schwach kochen lassen, zwischendurch gelegentlich umrühren. Mit den gerösteten Mandeln bestreut servieren.

GESCHMORTER FASAN

Für 6-8 Personen:
2 Eßlöffel Olivenöl,
1 Zwiebel, feingehackt,
2 Stangen Sellerie, in dünne Streifen geschnitten,
1,25kg Weißkohl, grob geraspelt,
1 Eßlöffel Brühe, Wasser oder trockener Weißwein,
8 Wacholderbeeren, zerdrückt (nach Belieben),
frisch gemahlener schwarzer Pfeffer,
2 bratfertige Fasane,
4 Scheiben magerer Schinkenspeck ohne Rinde.

Eine Portion bei 6 Personen:
Energie 315kcal/1325kJ, Fett 11g, Ballaststoffe 7g
Eine Portion bei 8 Personen:
Energie 235kcal/995kJ, Fett 8g, Ballaststoffe 5g

Das Schmoren eignet sich vorzüglich für die Zubereitung sowohl junger als auch älterer Fasane von unbestimmbarem Alter. Der Saft durchzieht das Gemüse mit seinem Aroma, und das Geflügel bleibt schön saftig.

Das Öl in einer großen feuerfesten Kasserolle erhitzen und die Zwiebel und Selleriestreifen darin einige Minuten dünsten. Den Kohl zugeben, gründlich umrühren und unter häufigem Rühren 5 Minuten dünsten. Brühe, Wasser oder trockenen Weißwein, die Wacholderbeeren, falls verwendet, und Pfeffer nach Geschmack zugeben. Weiter schwach kochen lassen, während die Fasane vorbereitet werden.

Die Fasane unter fließendem kalten Wasser abspülen, abtropfen lassen und mit Küchenkrepp trockentupfen. Innen und außen mit Pfeffer bestreuen und die Beine

zusammenbinden. Die Schinkenspeckscheiben mit einem Messerrücken auseinanderdrücken und mit einem Faden über die Fasanenbrust binden. Die Fasane in die Kasserolle legen und den Kohl zur Seite schieben, so daß er die Fasane umgibt und bedeckt. Die Kasserolle fest verschließen und im vorgeheizten Backofen bei 160° (Gas Stufe 3) 1 - 1 1/2 Stunden schmoren.
Auf einer vorgewärmten Platte den geschmorten Kohl verteilen und die ganzen oder in Stücke zerteilten Fasane darauf anrichten.

GESCHMORTER GEMÜSEMAIS

Für 4 Personen:
450g Gemüsemais, abgetropft,
225g Gefriererbsen,
2 Eßlöffel rote Paprika, kleingwürfelt,
50g magerer Schinkenspeck ohne Schwarte, gegrillt und gewürfelt,
frisch gemahlener schwarzer Pfeffer,
175ml Hühnerbrühe,
2 Eßlöffel trockener Weißwein.

Eine Portion: Energie 145kcal/ 610kJ, Fett 3g, Ballaststoffe 10g

Den Mais mit den Gefriererbsen, Paprikastücken und dem Schinkenspeck mischen. Mit Pfeffer würzen und in eine feuerfeste Form füllen. Die Brühe mit dem Wein verrühren und über das Gemüse gießen.
Die Form zudecken und im vorgeheizten Backofen bei 180° (Gas Stufe 4) 20 Minuten schmoren, bis die Erbsen gar sind.

SCHMORTOPF MIT GERSTE

Für 4 Personen:
2 Eßlöffel Olivenöl,
1 große Zwiebel, sehr fein gehackt,
225g Perlgerste,
225g feste kleine Champignons, blättrig geschnitten,
750ml heiße Hühnerbrühe,
1/2 Teelöffel Rosmarinpulver oder 1 Stengel frischer Rosmarin,
frisch gemahlener schwarzer Pfeffer,
225g kaltes Hühnerfleisch, gewürfelt.
Zum Garnieren:
Gehackte Petersilie.

Eine Portion: Energie 365kcal/ 1540kJ, Fett 12g, Ballaststoffe 5g

Das Öl in einem großen Topf erhitzen. Die Zwiebeln zugeben, bei schwacher Hitze rühren, dann zudecken und dünsten. Die Gerste und die Pilze zu den Zwiebeln geben. Gut untermischen, dann 3 - 4 Minuten dünsten. Die Brühe und den Rosmarin zugeben (den Stengel ganz lassen und vor dem Auftragen herausnehmen) und nach Geschmack mit Pfeffer würzen. Das Hühnerfleisch untermischen und die Masse in eine Kasserolle füllen. Zugedeckt im vorgeheizten Backofen bei 180° (Gas Stufe 4) etwa 1 Stunde schmoren, bis die Gerste gar ist. Mit Petersilie bestreuen.

SPINAT MIT MANDELN

Für 4 Personen:
1 kg Blattspinat, Mangold oder Gartenmelde,
1 Eßlöffel Olivenöl,
1/2 Zwiebel, feingehackt,
frisch gemahlener schwarzer Pfeffer,
geriebene Muskatnuß,
1 Eigelb,
4 Eßlöffel einfaches, ungesüßtes Joghurt, stabilisiert,
50g gehobelte Mandeln, geröstet.

Eine Portion: Energie 200kcal/850kJ, Fett 10g, Ballaststoffe 18g

Den Spinat verlesen, in ein Sieb geben, abspülen und gründlich abtropfen lassen. Die Blätter in mundgerechte Stücke zerteilen. Das Öl in einem großen Topf erhitzen, die Zwiebel hineingeben und in 2-3 Minuten weichdünsten. Den Spinat in kleineren Portionen zugeben und im Öl wenden. Mit Pfeffer und Muskat nach Geschmack würzen. Bei schwacher Hitze 10-15 Minuten dünsten, bis der Spinat gar ist.
Das Eigelb mit dem Joghurt verquirlen und in die Spinatmischung rühren. Sofort vom Herd nehmen und in eine vorgewärmte Schüssel geben. Die Mandeln unter den Spinat heben und servieren.

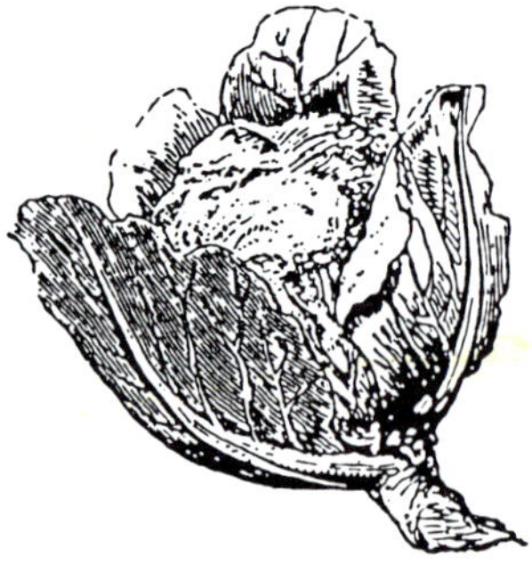

GESCHMORTER ROTKOHL

Für 4-6 Personen:
1 Eßlöffel Olivenöl,
2 große Zwiebeln, in Streifen geschnitten,
1kg Rotkohl, geputzt und in 1cm breite Streifen geschnitten,
100g magerer Schinkenspeck ohne Schwarte, leicht gegrillt und gewürfelt,
4 Möhren, geschabt und in dünne Scheiben geschnitten,
500g Boskop oder andere säuerliche Äpfel, geschält, entkernt und grob gehackt,
2 Knoblauchzehen, zerdrückt,
1 Prise gemahlene Nelken,
1 Prise frisch geriebene Muskatnuß,
frisch gemahlener schwarzer Pfeffer,
1 Bund Suppengrün,
150ml trockener Rotwein,
24 ganze Eßkastanien, enthäutet (siehe Anmerkung unten).

Eine Portion bei 4 Personen: Energie 305kcal/1290kJ, Fett 7g, Ballaststoffe 18g
Eine Portion bei 6 Personen: Energie 205kcal/860kJ, Fett 7g, Ballaststoffe 12g

Dieses pikante Gericht ist eine köstliche Beilage zu Geflügel.
Das Öl in einem Topf erhitzen, die Zwiebel hineingeben und 5 Minuten vorsichtig dünsten, ohne sie braun werden zu lassen.
Den Kohl, den Schinkenspeck und die Zwiebeln, Möhren, Äpfel und Knoblauch

Links: Geschmorter Rotkohl (S. 30), rechts: Winterkohl mit Äpfeln (S. 28)

schichtweise in eine hohe feuerfeste Form füllen. Jede Schicht mit Nelken, Muskat und Pfeffer nach Geschmack bestreuen. Das Suppengrün in die Mitte legen und das Ganze mit Wein begießen.
Die Form verschließen und im vorgeheizten Backofen bei 160° (Gas Stufe 3) 1 Stunde schmoren. Aus dem Ofen nehmen und die Kastanien untermischen, wieder zudecken und 1 - 1 1/2 Stunden im Ofen weiterschmoren, bis das Gemüse gar ist. Das Suppengrün wieder herausnehmen.

Anmerkung: Enthäuten von Eßkastanien: Jeweils wenige Kastanien in einen Topf mit kochendem Wasser geben. Vier Minuten kochen, dann abtropfen lassen. Die Hände mit einem Handschuh oder einem Tuch schützen und mit einem scharfen Messer die Schale und innere pelzige Haut abziehen, solange die Kastanien noch heiß sind.

HÜHNER-CURRY MIT AVOCADOS

Für 6 Personen:
450g Langkorn-Naturreis,
1 Eßlöffel Olivenöl,
1 mittelgroße Zwiebel, feingehackt,
2 Teelöffel Currypulver,
1 Teelöffel Tomatenmark,
150ml trockener Rotwein,
150ml Hühnerbrühe,
1 Lorbeerblatt,
frisch gemahlener schwarzer Pfeffer,
450ml einfaches, ungesüßtes Joghurt,
100g Gefriermais, gegart,
1 Eßlöffel gehackte Petersilie,
450g Hühnerfleisch, gekocht,
2 reife Avocados,
3 Eßlöffel Zitronensaft.
Zum Garnieren:
Senfsaat und Kresse,
Petersilienstengel, Cayenne-Pfeffer.

Eine Portion: Energie 545kcal/2300kJ, Fett 17g, Ballaststoffe 5g

Den Reis in kochendem Wasser in etwa 15 Minuten garen.
Inzwischen in einem anderen Topf das Öl erhitzen. Die Zwiebel hineingeben und weichdünsten. Das Currypulver unterrühren und weitere 2 Minuten dünsten. Das Tomatenmark, den Rotwein, die Brühe, das Lorbeerblatt und Pfeffer nach Geschmack zugeben und unter Umrühren zum Kochen bringen. 10 Minuten schwach kochen lassen.
Den Topf vom Herd nehmen und abkühlen lassen.
Das Lorbeerblatt herausnehmen, dann das Joghurt unterrühren. Die Sauce im Mixer zu einer glatten Masse schlagen.
Den Reis abtropfen und abkühlen lassen.
Den Reis mit dem Mais und der Petersilie vermischen und um den Rand einer Servierschüssel verteilen. Das Hühnerfleisch in der Mitte anordnen und etwas Currysauce darübergießen.
Die Avocados schälen, entsteinen, in Scheiben schneiden und mit Zitronensaft beträufeln, damit sie sich nicht verfärben. Um das Hühnerfleisch herum verteilen.
Vor dem Servieren kühlstellen und mit Senfsaat und Kresse, Petersilie und Cayenne-Pfeffer garnieren. Die Sauce getrennt dazu reichen.

GEGRILLTER LAUCH

Für 4 Personen:
500g Lauch, geputzt und in 4 cm lange Stücke geschnitten,
15g weiche Margarine,
1 Eßlöffel geriebener Parmesan,
2 Teelöffel Dijon-Senf.

Eine Portion: Energie 75kcal/320kJ, Fett 4g, Ballaststoffe 4g

Die Lauchstücke etwa 10 Minuten in Wasser kochen. Abtropfen lassen und in eine flache feuerfeste Form geben. Die Margarine mit dem Käse und dem Senf cremig rühren und über den Lauch streichen. Unter einem vorgheizten Grill oder im Backofen überbacken, bis die Oberseite goldbraun ist.

Hühner-Curry mit Avocados

MAKRELEN MIT ZITRONE

Für 4 Personen:
50g frische Vollkornbrösel,
geriebene Schale von 1 Zitrone,
1 Teelöffel gehackte Petersilie,
1/2 Teelöffel getrocknete gemischte Kräuter,
2 Eßlöffel fettarme Milch,
frisch gemahlener schwarzer Pfeffer,
4 Makrelen, gesäubert,
2 Eßlöffel Zitronensaft.

Eine Portion: Energie 200kcal/ 830kJ, Fett 13g, Ballaststoffe 1g

Die Brösel mit der geriebenen Zitronenschale, den Kräutern, der Milch und Pfeffer nach Geschmack vermischen. Die Fische mit dieser Masse füllen und die Öffnungen mit Cocktail-Spießchen verschließen.
Die Fische nebeneinander in eine feuerfeste Form legen und mit dem Zitronensaft beträufeln. Die Form zudecken und im vorgeheizten Backofen bei 180° (Gas Stufe 4) 35-40 Minuten backen, bis das Fischfleisch flockig ist.
Abwandlung: Die Zitrone durch eine Orange und die gemischten Kräuter durch Thymian ersetzen.

PAPRIKA MIT TRUTHAHNFÜLLE

Für 4 Personen:
4 große Paprika, rote, grüne oder gelbe gemischt,
1 Eßlöffel Olivenöl,
50g magerer Schinkenspeck, gewürfelt,
1 Zwiebel, feingehackt,
50g Pilze, gehackt,
250g gekochtes Truthahnfleisch, kleingewürfelt, 1
00g gekochter Naturreis,
1 Eßlöffel gehackte Petersilie,
frisch gemahlener schwarzer Pfeffer,
25g Edamer, gerieben.

Eine Portion: Energie 305kcal/ 1280kJ, Fett 9g, Ballaststoffe 3g

Von den Paprikas Deckel abschneiden und das Samengehäuse herausschneiden. Die Paprikas 5 Minuten in kochendem Wasser blanchieren, mit kaltem Wasser abspülen und trockentupfen.
Das Öl in einer Pfanne erhitzen. Den Schinkenspeck, die Zwiebeln und Pilze zugeben und goldgelb dünsten. Das Truthahnfleisch, den gekochten Reis, Petersilie und Pfeffer nach Geschmack unterrühren.
Die Paprikas mit der Fleischmischung füllen und aufrecht in eine feuerfeste Form stellen. Mit dem geriebenen Käse bestreuen, die Deckel aufsetzen und mit Folie bedecken.
Im vorgeheizten Ofen 15 Minuten bei 180° (Gas Stufe 4) backen. Die Folie wegnehmen und weitere 10 Minuten backen, bis die Paprikas gar sind. Heiß oder kalt servieren.

Paprika mit Truthahnfülle

GEGRILLTE ZUCCHINI

Für 4 Personen:
450g Zucchini, geschabt und der Länge nach halbiert,
15g Margarine, zerlassen,
1 Eßlöffel französischer Senf.

Eine Portion: Energie 55kcal/230kJ, Fett 4g, Ballaststoffe 6g

Die Zucchini mit der zerlassenen Margarine bestreichen und mit der Schnittfläche nach unten in eine heiße Grillpfanne legen. Bei starker Hitze grillen, bis sie leicht gebräunt sind. Umdrehen und mit Senf bestreichen. Wieder in den Grill schieben und goldbraun backen.

GEBACKENES MAKRELENFILET

Für 4 Personen:
4 frische Makrelenfilets,
2 Teelöffel Senf,
frisch gemahlener schwarzer Pfeffer,
450g Kartoffeln, geschält und in dünne Scheiben geschnitten,
1 mittelgroße Zwiebel, in dünne Streifen geschnitten,
1 Teelöffel feingehackter frischer Salbei, Bohnenkraut oder Petersilie,
1 großer Kochapfel, geschält und in dünne Spalten geschnitten,
150ml herber Apfelwein,
kochendes Wasser.

Eine Portion: Energie 535kcal/ 2255kJ, Fett 33g, Ballaststoffe 3g

Die Fischfilets putzen und mit Senf bestreichen. Mit Pfeffer bestreuen und aufrollen. Eine feuerfeste Form leicht einölen und den Boden mit der Hälfte der Kartoffelscheiben belegen. Die Zwiebelstücke darüber verteilen und mit Pfeffer und den Kräutern bestreuen. Darauf dann die Apfelschnitze verteilen und zum Schluß die Makrelenrollen legen. Die restlichen Kartoffelscheiben auf dem Fisch verteilen und mit noch etwas Pfeffer würzen. Den Apfelwein und soviel kochendes Wasser darübergießen, daß die Form zur Hälfte gefüllt ist.
Mit Folie bedecken und im vorgeheizten Ofen bei 180° (Gas Stufe 4) 45 Minuten schmoren. Die Folie abnehmen und weitere 30 Minuten backen, bis die Kartoffeln goldbraun sind. Dieses Gericht sollte sehr heiß serviert werden.
Abwandlung: Anstelle der Makrelenfilets können frische Heringe oder Sardinen verwendet werden. Dies sind alles fette Fische, doch ist ihr Fettgehalt je nach Jahreszeit unterschiedlich, am niedrigsten in den Wintermonaten.

GLASIERTE MÖHREN

Für 4 Personen:
350g junge Möhren, geputzt und geschabt,
15g Margarine,
1 Telöffel brauner Zucker,
300ml Brühe,
1 Eßlöffel feingehackte Minze,
1 Eßlöffel Zitronensaft,
frisch gemahlener schwarzer Pfeffer.

Eine Portion: Energie 50kcal/220kJ, Fett 3g, Ballaststoffe 3g

Die Möhren mit der Margarine und dem Zucker in einen Topf geben. Knapp mit Brühe bedecken und zum Kochen bringen. Im offenen Topf bei mittlerer Hitze kochen lassen, bis die ganze Flüssigkeit aufgesogen ist und die Möhren glasiert sind. Die Minze und den Zitronensaft unterrühren, mit Pfeffer würzen und noch 2 Minuten dünsten.

GESCHMORTE TAUBEN

Für 4 Personen:
4 junge, bratfertige Tauben,
frisch gemahlener schwarzer Pfeffer,
2 Eßlöffel Olivenöl,
1 große Zwiebel, gehackt,
6 Scheiben magerer Schinkenspeck ohne Schwarte, kurz gegrillt und gewürfelt,
4 Eßlöffel trockener weißer Wermut oder Wein,
300ml Hühnerbrühe,
450g frische Erbsen,
1 Teelöffel Zucker.

Eine Portion: Energie 425kcal/ 1775kJ, Fett 19g, Ballaststoffe 6g

Da Tauben ein recht trockenes Geflügel sind, ist das Schmoren die beste Zubereitungsart.

Die Tauben unter fließendem kalten Wasser waschen, abtropfen lassen und mit Küchenkrepp trockentupfen. Innen und außen mit Pfeffer bestreuen und die Beine zusammenbinden.

Das Öl in einer großen feuerfesten Kasserolle erhitzen und die Zwiebel darin 5 Minuten schwach dünsten. Die Hitze höherschalten, die Tauben hineinsetzen und schmoren, bis sie rundum goldbraun sind. Den Schinkenspeck, Wermut oder Wein sowie die Brühe zugeben, erhitzen und im zugedeckten Topf 1 bis 1 1/2 Stunden ganz schwach kochen lassen, bis die Tauben beinahe gar sind. Gelegentlich die Flüssigkeit im Topf überprüfen und gegebenenfalls noch etwas Brühe nachgießen.

Die Erbsen und den Zucker zugeben, zudecken und noch 20-25 Minuten weiterschmoren, bis die Erbsen und die Tauben gar sind. Abschmecken und im Topf auf den Tisch bringen.

GESCHMORTER FENCHEL

Für 4 Personen:
2 Eßlöffel Olivenöl,
3 Fenchelknollen, geputzt und der Länge nach geviertelt,
150ml Hühnerbrühe,
1 Eßlöffel Zitronensaft,
frisch gemahlener schwarzer Pfeffer,
1 Eßlöffel geriebener Parmesan,
1 Eßlöffel Vollkornbrösel.

Eine Portion: Energie 110kcal/ 470kJ, Fett 9g, Ballaststoffe 1g

Das Öl in einer großen Pfanne mit schwerem Boden erhitzen, den Fenchel zugeben und dünsten. Sorgfältig wenden, bis die Fenchelstücke rundum mit Öl überzogen sind.

Die Brühe und den Zitronensaft zugießen und nach Geschmack pfeffern. Zudecken und 35-40 Minuten bei schwacher Hitze schmoren. Mit dem Käse und den Bröseln bestreuen und unter einem vorgeheizten Grill oder im Backofen überbacken, bis die Oberseite goldbraun ist. Sofort servieren.

PIKANTER SCHMORFISCH

Für 4 Personen:
3 große Tomaten, in Scheiben geschnitten,
2 Selleriestangen, feingehackt,
1 Knoblauchzehe, zerdrückt,
50g Pilze, blättrig geschnitten,
frisch gemahlener schwarzer Pfeffer,
1 Prise geriebene Muskatnuß,
1 Teelöffel gehackte Petersilie,
1 Teelöffel gehacktes Basilikum,
1 Lorbeerblatt,
1 Zwiebel, in Streifen geschnitten,
1 Möhre, geschabt und in Scheiben geschnitten,
750 g Kabeljaufilet,
3 Eßlöffel Weinessig,
150ml Wasser.

Eine Portion: Energie 165kcal/685kJ, Fett 1g, Ballaststoffe 2g

Die Hälfte der Tomatenscheiben in einer feuerfesten Form verteilen und mit dem Sellerie, dem Knoblauch und den Pilzen bedecken. Gut mit Pfeffer würzen und mit Muskat und Petersilie bestreuen. Basilikum und Lorbeerblatt zugeben und mit der gehackten Zwiebel und geriebenen Möhre bestreuen.
Die Fischfilets auf dieser Mischung anordnen, dann mit den restlichen Tomatenscheiben bedecken. Mit dem Weinessig und dem Wasser begießen. Zugedeckt im vorgeheizten Backofen bei 180° (Gas Stufe 4) 40 Minuten schmoren. Heiß servieren.

GEMÜSEPFANNE

Für 3-4 Personen:
2 Eßlöffel pflanzliches Öl,
1 mittelgroße Zwiebel, in dünne Streifen geschnitten,
3 Knoblauchzehen, zerdrückt,
1/2 grüne Paprika, entkernt und in Streifen geschnitten,
1/2 rote Paprika, entkernt und in Streifen geschnitten,
1/4 Gurke, gehackt,
2 Selleriestangen, gehackt,
2 Frühlingszwiebeln, gehackt,
3-4 Salatblätter, gehackt,
225g Bohnensprossen,
1 1/2 Teelöffel Zucker,
1 Eßlöffel Sojasauce,
2 Eßlöffel Hühnerbrühe.

Eine Portion bei 3 Personen: Energie 135kcal/565kJ, Fett 10g, Ballaststoffe 4g
Eine Portion bei 4 Personen: Energie 100kcal/425kJ, Fett 5g, Ballaststoffe 2g

Das Öl in einem Wok oder einer Bratpfanne erhitzen, die Zwiebel und den Knoblauch zufügen und 30 Sekunden pfannenrühren. Alle anderen Gemüsesorten zugeben und alles gut miteinander vermischen.
Den Zucker hineinstreuen und die Sojasauce und Hühnerbrühe zugeben. Die Mischung vorsichtig 1 1/2 Minuten pfannenrühren. In eine vorgewärmte Servierschüssel geben und heiß servieren.

Gemüsepfanne

ROTKOHL MIT APFEL

Für 4-6 Personen:
1kg Rotkohl, in feine Streifen geschnitten,
1 Eßlöffel Olivenöl,
1 mittlere Zwiebel, in dünne Streifen geschnitten,
2 mittlere Tafeläpfel, entkernt und in Spalten geschnitten,
3 Eßlöffel Wasser,
3 Eßlöffel Weinessig,
4 Teelöffel brauner Zucker,
frisch gemahlener schwarzer Pfeffer,
50g Haferflocken.
Zum Garnieren:
Gehackte Petersilie.

Eine Portion bei 4 Personen:
Energie 195kcal/825kJ, Fett 5g, Ballaststoffe 12g
Eine Portion bei 6 Personen:
Energie 130kcal/550kJ, Fett 3g, Ballaststoffe 8g

Den Kohl in kochendem Wasser 1 Minute blanchieren, dann gut abtropfen lassen. Das Öl in einer feuerfesten Form erhitzen und die Zwiebel darin langsam weichdünsten. Die Apfelstücke zugeben und weitere 5 Minuten dünsten. Die Zwiebel- und Apfelstücke mit einem Schaumlöffel aus der Form nehmen.
Abwechselnd Kohl und Apfelstücke in die Form schichten, dabei mit Kohl beginnen und enden. Jede Schicht mit Wasser und Weinessig beträufeln und mit Zucker und Pfeffer nach Geschmack würzen. Fest verschließen und im vorgeheizten Backofen bei 160° (Gas Stufe 3) 2 Stunden schmoren; zwischendurch gelegentlich umrühren und notfalls etwas Wasser nachfüllen.
Die Haferflocken mit ein wenig Schmorflüssigkeit vermischen und zum Kohl geben. Vorsichtig auf dem Herd weiterschmoren, bis die Haferflocken angedickt sind. Mit Petersilie bestreuen und servieren.

GRÜNE PAPRIKA UND BOHNEN

Für 4-6 Personen:
450g grüne Bohnen,
2 grüne Paprikas, entkernt und gehackt,
2 mittlere Zwiebeln, feingehackt,
frisch gemahlener schwarzer Pfeffer,
getrockneter Thymian,
40g Margarine.

Eine Portion bei 4 Personen:
Energie 100kcal/410kJ, Fett 8g, Ballaststoffe 5g
Eine Portion bei 6 Personen:
Energie 65kcal/275kJ, Fett 6g, Ballaststoffe 3g

Wenn die Bohnen groß sind, halbieren. Das verschiedene Gemüse schichtweise in eine leicht eingeölte Kasserolle legen, dabei mit den Bohnen beginnen und enden. Jede Schicht mit schwarzem Pfeffer und etwas Thymian bestreuen und mit Margarineflöckchen belegen.
Zudecken und im vorgeheizten Backofen bei 180° (Gas Stufe 4) etwa 1 Stunde schmoren, bis das Gemüse gar ist.

GESCHMORTE DICKE BOHNEN

Für 4 Personen:
600g tiefgefrorene dicke Bohnen, aufgetaut,
1 Eßlöffel Olivenöl,
1 mittelgroße Zwiebel, feingehackt,
150ml Hühnerbrühe,
100g Edamer, gerieben,
1 1/2 Teelöffel Senf,
1 Teelöffel Worcestershire-Sauce,
frisch gemahlener schwarzer Pfeffer,
100g Walnüsse, gehackt.

Eine Portion: Energie 320kcal/ 1335kJ, Fett 22g, Ballaststoffe 9g

Die Bohnen 5 Minuten in Wasser kochen und gut abtropfen lassen.
Das Öl in einem Topf erhitzen und die Zwiebel langsam darin weichdünsten. Die Brühe hineinrühren und zum Kochen bringen. Den Käse zugeben und rühren, bis er schmilzt, dann den Senf, die Worcestershire-Sauce und Pfeffer nach Geschmack unterrühren. Vorsichtig die Bohnen und Walnüsse hineinrühren.
Die Mischung in eine leicht eingeölte feuerfeste Form füllen und im vorgeheizten Backofen bei 180° (Gas Stufe 4) 30 Minuten schmoren.

SPINATPASTETE MIT HUHN

Für 4-6 Personen:
225g junge Spinatblätter,
600ml Wasser,
frisch gemahlener schwarzer Pfeffer.
Füllung:
2 Eßlöffel Olivenöl,
1 mittelgroße Zwiebel, feingehackt,
100g kleine Champignons, in dünne Scheiben geschnitten,
2 Teelöffel gehackter frischer oder 1 Teelöffel getrockneter Oregano oder Majoran,
225g gekochtes Hühnerfleisch, feingehackt,
3 mittelgroße Tomaten, gewürfelt,
1/4 einer mittleren Gurke, gewürfelt,
75g Edamer, gerieben,
75g frische Vollkornbrösel,
4 Eßlöffel einfaches, ungesüßtes Joghurt.
Zum Garnieren:
Gurkenscheiben.

Eine Portion bei 4 Personen: Energie 245kcal/kJ, Fett 9g, Ballaststoffe 7g
Eine Portion bei 6 Personen: Energie 165kcal/685kJ, Fett 6g, Ballaststoffe 5g

Die Spinatblätter in reichlich kaltem Wasser waschen und abtropfen lassen. Das Wasser in einen Topf gießen, sehr wenig würzen und zum Kochen bringen. Die Spinatblätter hineingeben und nur 1-2 Minuten dünsten. Gründlich abtropfen lassen, dann eine viereckige oder runde Kuchenform mit ca. 23cm Durchmesser mit den Blättern auslegen. Die Blätter soweit überhängen lassen, daß sie nachher die Füllung bedecken.

Das Öl in einem Topf erhitzen und die Zwiebeln, Pilze und Kräuter zusammen darin dünsten, bis das Gemüse weich ist. Gut würzen und abkühlen lassen.
Alle Zutaten außer den Spinatblättern mit dem Joghurt vermischen. In die Form füllen und die überhängenden Spinatblätter darüberlegen. Einige Stunden kaltstellen, dann auf eine Servierplatte stürzen und mit den Gurkenscheiben garnieren. Wie einen Kuchen in Stücke schneiden.

SELLERIE MIT ORANGE

Für 4 Personen:
1 Stangensellerie, in 5cm lange Stücke geschnitten,
4 Eßlöffel Orangensaft,
geriebene Schale von 1 Orange,
1 Orange, geschält und in Spalten zerteilt,
25g Sultaninen,
25g Walnüsse, halbiert,
frisch gemahlener schwarzer Pfeffer.

Eine Portion: Energie 100kcal/ 410kJ, Fett 3g, Ballaststoffe 2g

Alle Zutaten vermischen und in eine feuerfeste Form geben. Nach Geschmack pfeffern. Die Form zudecken und im vorgeheizten Ofen bei 180° (Gas Stufe 4) 30-40 Minuten schmoren, bis der Sellerie gerade eben gar ist. Heiß servieren.

GEFÜLLTE GRAPEFRUIT

Für 4 Personen:
2 große Grapefruits, halbiert,
225g weißer Fisch (Kabeljau z.B.), in 1cm dicke Würfel geschnitten,
40g Walnüsse, gehackt,
40g rote Paprika, entkernt und gewürfelt,
1/2 Teelöffel Ingwerpulver.

Eine Portion: Energie 110kcal/ 445kJ, Fett 6g, Ballaststoffe 1g

Mit einem geeigneten Messer sorgfältig die Grapefruitspalten aus den halbierten Früchten schälen. Die halben Schalen beiseitestellen und das Fruchtfleisch mit den übrigen Zutaten vermischen. Die Mischung auf die vier Schalen verteilen. Mit Folie bedecken und im vorgeheizten Ofen bei 180° (Gas Stufe 4) 15 Minuten backen.

SELLERIE MIT GEMÜSEMAIS

Für 4 Personen:
1 Eßlöffel Olivenöl,
1/2 Kopf Stangensellerie, in 5cm lange Stücke geschnitten,
3 Tomaten, gehackt,
250ml Hühnerbrühe,
200g Gemüsemais, abgetropft,
1 Prise Chilipulver,
frisch gemahlener scharzer Pfeffer,
1 Prise Cayenne-Pfeffer (nach Belieben).

Eine Portion: Energie 120kcal/ 510kJ, Fett 8g, Ballaststoffe 4g

Das Öl in einem Topf erhitzen. Den Sellerie zugeben und bei schwacher Hitze 7-8 Minuten dünsten. Die Tomaten und die Brühe zugeben und weitere 8 Minuten schmoren. Den Mais, das Chilipulver und Pfeffer nach Geschmack zugeben. Aufkochen.
In eine vorgewärmte Schüssel geben und mit gehackter Petersilie und, falls gewünscht, Cayenne-Pfeffer bestreuen. Sofort servieren.

BAMBUSSPROSSEN MIT BROKKOLI

Für 4 Personen:
2-3 Eßlöffel Olivenöl,
375g Brokkoli, in Röschen zerteilt,
125g Bambussprossen aus der Dose, abgetropft und in dünne Streifen geschnitten (Saft aufbewahren),
1 mittelgroße Zwiebel, feingehackt,
1 Prise Zimt,
Cayennepfeffer,
1 Eigelb,
2 Eßlöffel einfaches, ungesüßtes Joghurt, stabilisiert,
1 Spritzer Tabasco-Sauce.

Eine Portion: Energie 160kcal/ 670kJ, Fett 13g, Ballaststoffe 4g

Das Öl in einer Pfanne erhitzen. Den Brokkoli, die Bambussprossen und Zwiebel zugeben und 3-4 Minuten dünsten. Ein wenig Saft von den Bambussprossen, den Zimt und Cayennepfeffer nach Geschmack zugeben und gut vermischen. Bei schwacher Hitze 2-3 Minuten dünsten.
Das Eigelb mit dem Joghurt und der Tabasco-Sauce glattschlagen. Die Pfanne vom Herd nehmen, leicht abkühlen lassen und das verrührte Eigelb zugeben und gut untermischen. Auf eine Servierschale geben und sofort servieren.

Links: Grüne Paprika und Bohnen (S. 40), oben: Rotkohl mit Apfel (S. 40), rechts: Geschmorte dicke Bohnen (S. 42)

BROKKOLI MIT JOGHURTSAUCE

Für 4 Personen:
500g Brokkoli,
300ml einfaches, ungesüßtes Joghurt, stabilisiert,
1 Knoblauchzehe, zerdrückt,
1 Teelöffel getrocknete Minze oder 3-4 frische Minzblätter, gehackt,
frisch gemahlener schwarzer Pfeffer.

Eine Portion: Energie 80kcal/335kJ, Fett 4g, Ballaststoffe 5g

Den Brokkoli im festverschlossenen Topf in 12-15 Minuten garen.

Inzwischen das Joghurt mit dem Knoblauch, der Minze und Pfeffer nach Geschmack in einer kleinen Pfanne erhitzen und rühren, bis die Sauce dick wird. Wenn der Brokkoli gar ist, abtropfen lassen und in eine warme Servierschüssel geben. Die Joghurtsauce darübergießen und servieren.

SCHARFES GEMÜSECURRY

Für 4 Personen:
2 Eßlöffel pflanzliches Öl,
1 Teelöffel Senfkörner, zerstoßen,
1 Stück Ingwerwurzel von 5cm Länge, fein zerkleinert,
2 Knoblauchzehen, zerdrückt,
1 Zwiebel, feingehackt,
1 grüne Chilischote, entkernt und feingehackt,
1 1/2 Teelöffel Kurkuma,
1 Eßlöffel gemahlener Koriander,
750g gemischtes Gemüse (z.B. Möhren, Bohnen, Auberginen, Blumenkohl),
Salz,
175g Kokosnuß, mit 175ml Wasser püriert.
Zum Garnieren:
2 Eßlöffel gehackte frische Korianderblätter (nach Belieben).

Eine Portion: Energie 260kcal/ 1100kJ, Fett 20 g, Ballaststoffe 11g

Das Öl in einem großen Topf erhitzen. Die Senfkörner, den Ingwer und den Knoblauch zugeben und 30 Sekunden dünsten. Dann die Zwiebel und die Chilischote zugeben und bei schwacher Hitze 10 Minuten dünsten, bis die Zwiebel goldbraun ist.

Das Kurkumapulver und den gemahlenen Koriander hineinrühren und 1 Minute dünsten. Das Gemüse zugeben und gründlich mit den gedünsteten Gewürzen vermischen. Das Salz und das Kokosnußpüree hineinrühren. Wenn die Masse zu trocken ist, noch 1-2 Eßlöffel Wasser zugeben. Den Topf zudecken und 30 Minuten leise kochen lassen, bis das Gemüse gar ist. Das Gemüse-Curry in eine vorgewärmte Servierschüssel geben, mit dem gehackten Koriander bestreuen und mit Reis servieren.

GEBACKENE FORELLE

Für 4 Personen:
2 Eßlöffel Olivenöl,
2 Knoblauchzehen, zerdrückt,
2 Zwiebeln, feingehackt,
100g Pilze, gehackt,
2 Eßlöffel Kapern,
2 Eßlöffel Vollkornmehl,
25g gemahlene Mandeln,
4 Forellen von je etwa 225g, geputzt, gewaschen und abgetrocknet,
2 Eßlöffel gehackte Petersilie,
1 Prise Majoran,
1/2 Teelöffel frisch gemahlener schwarzer Pfeffer,
150ml Hühnerbrühe.
Zum Garnieren:
Geröstete blättrige Mandeln.

Eine Portion: Energie 370kcal/ 1560kJ, Fett 20g, Ballaststoffe 4g

Das Öl in einer großen, flachen feuerfesten Form oder einem Topf mit schwerem Boden erhitzen. Den Knoblauch und die Zwiebeln zufügen und 5 Minuten vorsichtig dünsten, bis die Zwiebeln weich und goldgelb sind, dabei gelegentlich umrühren. Die Pilze, die Kapern, das Mehl und die gemahlenen Mandeln hineinrühren und diese Mischung vorsichtig weitere 3 Minuten dünsten.

Die Forellen auf die Zwiebelmischung legen, dann mit Petersilie, Majoran und Pfeffer bestreuen. Mit der Brühe übergießen.

Im vorgeheizten Backofen bei 200° (Gas Stufe 4) 25 Minuten backen, zwischendurch zweimal mit Öl einpinseln. Die Forellen mit den gerösteten Mandeln bestreuen und sofort servieren.

Internationale Gerichte

MEXIKANISCHER THUNFISCHSALAT

Für 4 Personen:
3 Tafeläpfel, entkernt und gehackt,
1 Eßlöffel Zitronensaft,
90g Thunfisch aus der Dose, abgetropft, trockengetupft und zerpflückt,
1 kleine Zwiebel, feingehackt,
3 Selleriestangen, in dünne Streifen geschnitten,
2 Eßlöffel gehackte grüne Oliven,
425g rote Kidney-Bohnen aus der Dose, abgetropft,
2 Eßlöffel Apfel-Dressing.

Eine Portion: Energie 190kcal/800kJ, Fett 10g, Ballaststoffe 7g

Die Apfelstücke mit dem Zitronensaft beträufeln, damit sie sich nicht verfärben. Anschließend zusammen mit dem Thunfisch, der Zwiebel, den Selleriestückchen, den Oliven und den Bohnen in eine Schüssel geben. Das Apfel-Dressing darübergießen und das Ganze gut vermischen.
Den Salat 30 Minuten in den Kühlschrank stellen, dann servieren.

RUSSISCHE ROTE GRÜTZE

Für 4 Personen:
2 1/2 Eßlöffel Maisstärke,
2 Eßlöffel trockener Weißwein,
1 Eßlöffel Zitronensaft,
450ml Fruchtpüree (rote Johannisbeeren, Kirschen, Erdbeeren oder andere Früchte),
2-3 Teelöffel feiner Zucker.

Eine Portion: Energie 60kcal/240kJ, Fett geringfügig, Ballaststoffe 2g

Die Maisstärke mit dem Wein und dem Zitronensaft verrühren. Das Früchtepüree mit dem Zucker zum Kochen bringen und den angerührten Wein hineingeben. Unter ständigem Rühren schwach kochen lassen, bis die Masse dick wird. Abkühlen, dann bis zum Servieren in den Kühlschrank stellen.

JAPANISCHES SCHWEINEFLEISCH

Für 6 Personen:
275g Vollkorn-Fadennudeln,
1 Eßlöffel Olivenöl,
1 Knoblauchzehe, zerdrückt,
1 mittelgroße Zwiebel, in dünne Streifen geschnitten,
175g mageres Schweinefleisch, in Streifen von 5cm Länge und 1cm Breite geschnitten,
75g frische Krabben, gehackt,
frisch gemahlener schwarzer Pfeffer,
1 Eßlöffel helle Sojasauce,
2 Eßlöffel Tomatenmark,
1 Teelöffel geriebene Zitronenschale,
2 Eßlöffel Zitronensaft,
3 Eßlöffel ungesalzene Erdnüsse,
4 Eßlöffel feingehackte Frühlingszwiebeln,
2 mittelgroße Orangen, geschält und in Scheiben geschnitten.
Zum Garnieren:
1 Orangenscheibe, Brunnenkresse.

Eine Portion: Energie 320kcal/ 1350kJ, Fett 11g, Ballaststoffe 7g

Die Fadennudeln in kochendem Wasser garen. Gut abtropfen lassen. Inzwischen das Öl in einer großen Bratpfanne erhitzen. Den Knoblauch hineingeben und goldbraun dünsten, dann herausnehmen. Die Zwiebel und das Schweinefleisch in die Pfanne geben und braten, bis die Zwiebel weich ist und das Schweinefleisch sich zu verfärben beginnt. Die gehackten Krabben und Pfeffer nach Geschmack zugeben und unter ständigem Rühren 3 Minuten weiterschmoren. Die Sojasauce, das Tomatenmark, die Zitronenschale und den Zitronensaft, die Erdnüsse, Frühlingszwiebeln und Orangenscheiben zugeben. Dann die Fadennudeln in die Pfanne geben, unter die Fleischmischung heben und sehr heiß werden lassen. In eine Servierschüssel geben und mit der Orangenscheibe und Brunnenkresse garnieren.

THUNFISCH-PASTETE

Für 4-6 Personen:
200g Thunfisch aus der Dose, abgetropft und zerpflückt,
2 hartgekochte Eier, kleingehackt,
225g fettarmer Streichkäse oder Hüttenkäse, durch ein Sieb gedrückt,
2 Eßlöffel gehackter frischer Schnittlauch,
2 Eßlöffel gehackte frische Petersilie,
2 Eßlöffel Weinbrand (nach Belieben)
frisch gemahlener schwarzer Pfeffer.

Eine Portion bei 4 Personen: Energie 255kcal/1060kJ, Fett 16g, Ballaststoffe geringfügig
Eine Portion bei 6 Personen: Energie 170kcal/710kJ, Fett 11g, Ballaststoffe geringfügig

Alle Zutaten und Pfeffer nach Geschmack in eine Schüssel geben und glattschlagen. In eine kleine Schüssel füllen und kaltstellen. Mit Vollkornbrötchen servieren.

Nudeln mit Anchovissauce (S. 100)

FISCHBRÜHE

Menge ca. 2,5 l Brühe:
1kg roher weißer Fisch (Schellfisch oder Steinbutt),
Fischknochen, Köpfe und Reste,
1 mittlere Zwiebel, in Streifen geschnitten,
1 Stange Sellerie, in Streifen geschnitten,
12 Pfefferkörner,
1 Lorbeerblatt,
1 Eßlöffel Zitronensaft,
Schale von 1 Zitrone,
4 Petersilienstengel,
2,25 l kaltes Wasser,
3 Eßlöffel trockener Weißwein (nach Belieben).

Energie/Fett/Ballaststoffgehalt gering

Alle Zutaten in einen Topf geben. Zum Kochen bringen und gründlich abschöpfen. 25 Minuten bei schwacher Hitze kochen lassen. Durchseihen und die Flüssigkeit abkühlen lassen.
Wenn eine gehaltvollere Brühe gewünscht wird, die durchgeseihte Flüssigkeit bei starker Hitze auf die Hälfte der Menge einkochen.
Übriggebliebene Brühe kann eingefroren werden.

JAPANISCHE HARUSAMESUPPE

Für 4 Personen:
100g trockene Mungbohnenfäden (''Saifun''), 30 Minuten in kochendem Wasser eingeweicht,
2-3 getrocknete Pilze, 20 Minuten in Wasser eingeweicht,
1 l Hühnerbrühe,
1 Eßlöffel Reiswein,
100g frische Krabben,
6-8 Zuckererbsen-Schoten,
2 Möhren, geschabt und in Scheiben oder Würfel geschnitten,
einige Gurkenstreifen,
100g Stangensellerie oder Chinakohl,
einige Spinatblätter.
Zum Garnieren:
1 Teelöffel geriebene frische Ingwerwurzel,
1 Frühlingszwiebel, in feine Streifen geschnitten,
2 Teelöffel weißer Rettich, gerieben.

Eine Portion: Energie 140kcal/595kJ, Fett 5g, Ballaststoffe 2g

Die Mungbohnenfäden oder Sojanudeln abtropfen lassen und in 5cm lange Stükke schneiden. Die Pilze abtropfen lassen und die Einweichflüssigkeit aufheben; die Stiele abschneiden.
Die Brühe in einen Topf geben. Die Einweichflüssigkeit der Pilze vorsichtig hineingießen. Zum Kochen bringen und 2 Minuten leise kochen lassen. Den Reiswein hineinrühren.
Die Flüssigkeit auf 4 vorgewärmte Suppenschalen aufteilen. Die restlichen Zutaten auf einer Servierplatte anrichten und nach Belieben das Gemüse zu hübschen Formen schneiden. Die Zutaten zum Garnieren auf separaten Schälchen anbieten. Jeder Gast wählt sich die Zutaten zu seiner Suppe selbst.

BORSCHTSCH

Für 8-10 Personen:
1,75 l Hühner- oder Rinderbrühe,
100g Weißkohl, in feine Streifen geschnitten und gehackt,
1 Möhre, geschabt und feingehackt,
1 Zwiebel, feingehackt,
1 Stange Sellerie, geschabt und feingehackt,
450g Rote Beete, geschält,
1 Eßlöffel ghackte frische Petersilie,
2 Nelken,
1 Lorbeerblatt,
2 Tomaten, gehackt,
2 Teelöffel feiner Zucker,
2 Eßlöffel Zitronensaft,
frisch gemahlener schwarzer Pfeffer,
150ml einfaches, ungesüßtes Joghurt.

Eine Portion bei 8 Personen: Energie 40kcal/165kJ, Fett 1g, Ballaststoffe 3g
Eine Portion bei 10 Personen: Energie 30kcal/130kJ, Fett 1g, Ballaststoffe 2g

Diese traditionelle russische Suppe sollte sämig sein und das Gemüse so kleingeschnitten werden, daß es gut mit einem Suppenlöffel gegessen werden kann. Wenn Sie einen Mixer besitzen, können Sie die Rote Beete darin in kleineren Portionen mit jeweils etwas Brühe zerkleinern, ansonsten können Sie sie groß raspeln.
Die Brühe zusammen mit dem Kohl, den Möhren, Zwiebeln und dem Sellerie in einen großen Topf geben. Die Rote Beete vorbereiten und drei Viertel davon zusammen mit der Petersilie, den Nelken, und dem Lorbeerblatt zu dem Gemüse in den Topf geben. Aufkochen, dann zugedeckt 30 Minuten bei schwacher Hitze kochen lassen.
Nun die Tomaten, den Zucker, den Zitronensaft und den Pfeffer zugeben und weitere 20 Minuten kochen lassen. Damit die Suppe eine schöne rote Farbe bekommt, die restliche Rote Beete einrühren und noch 10 Minuten kochen. Den Borschtsch heiß servieren und auf jede Portion 1 Löffel Joghurt setzen.

CHINESISCHE BOHNENSPROSSEN

Für 4 Personen:
225g Hühnerbrust, entbeint und enthäutet,
1 Eiweiß,
1 Eßlöffel Maisstärke,
225g frische Bohnensprossen,
1 kleine rote Paprika, entkernt und in dünne Streifen geschnitten,
3 Eßlöffel Olivenöl,
2 Eßlöffel Hühnerbrühe.

Eine Portion: Energie 205kcal/870kJ, Fett 14g, Ballaststoffe 2g

Das Hühnerfleisch in streichholzgroße Stifte schneiden. Die Stifte im Eiweiß, dann in der Maisstärke wälzen.
Die Bohnensprossen in einer Schüssel mit kaltem Wasser waschen und die Schalen und eventuelle Hülsenreste, die

auf dem Wasser schwimmen, entfernen. Das Öl in einem Wok oder einer Bratpfanne erhitzen und das Hühnerfleisch darin pfannenrühren, bis es sich leicht gefärbt hat, dann mit einem Schaumlöffel herausnehmen.
Die Hitze höherschalten. Wenn das Öl heiß ist, die Bohnensprossen und die Paprikastückchen, dann das Hühnerfleisch hineingeben. Ein paarmal umrühren, dann die Brühe zugeben und noch 1 Minute schmoren.
Dieses Gericht kann heiß oder auch kalt serviert werden.

INDISCHES GEMÜSEGERICHT

Für 6-8 Personen:
350g Blumenkohlröschen,
175g Möhren, geschabt,
225g Kartoffeln, ungeschält,
5-6 Eßlöffel Maiskeimöl,
1/2 Teelöffel "Panch-Phoran" (Mischung aus Kreuzkümmel, Fenchel, Bockshornklee, Senf- und Zwiebelsamen),
1 große Zwiebel, feingehackt,
1/2 Teelöffel Kurkumapulver,
175g tiefgefrorene grüne Bohnen, aufgetaut und zerkleinert,
175g Gefriererbsen,
2 mittlere Tomaten, in Scheiben geschnitten,
1 Teelöffel Zitronensaft.

Eine Portion bei 6 Personen:
Energie 340kcal/1425kJ, Fett 30g, Ballaststoffe 6g
Eine Portion bei 8 Personen:
Energie 255kcal/1070kJ, Fett 23g, Ballaststoffe 5g

Wenn Sie häufiger indische Gerichte essen wollen, lohnt es sich, wenn Sie größere Mengen der einzelnen Gewürze für "Panch-Phoran" kaufen, miteinander vermischen und in einem Schraubglas aufbewahren.
Den Blumenkohl, die Möhren und Kartoffeln dämpfen, bis sie fast gar, aber in der Mitte noch fest sind. Die Kartoffeln pellen und in grobe Würfel schneiden. Die Möhren in etwa 5 mm dicke Scheiben schneiden.
Das Öl in einer schweren Bratpfanne erhitzen. Die Pfanne vom Herd nehmen und das "Panch-Phoran" hineingeben. Die Pfanne mit einem Deckel zudecken, da die Gewürzkörner in dem heißen Fett zerplatzen. Eine halbe Minute warten, dann den Deckel abnehmen, und die Pfanne wieder auf die Herdplatte setzen. Bei niedriger Hitze die Zwiebel hineingeben und hellbraun dünsten. Das Kurkumapulver zugeben und nach 1 Minute das vorgekochte Gemüse und die grünen Bohnen zugeben und 3-4 Minuten unter häufigem Rühren dünsten. Die Erbsen, Tomaten und den Zitronensaft zugeben und das Ganze noch bei sehr schwacher Hitze 2-3 Minuten schmoren.

Ratatouille

MAIS-SALAT AMERIKANISCH

Für 4 Personen:
225g dicke Bohnen, frisch oder tiefgefroren,
225g Gemüsemais, frisch oder tiefgefroren,
150ml Sesam-Dressing (S. 78),
4 große knackige Salatblätter.
Zum Garnieren: Gehackte Petersilie.

Eine Portion: Energie 200kcal/835kJ, Fett 12g, Ballaststoffe 7g

Die dicken Bohnen und den Mais in einen Topf geben, der zur Hälfte mit kochendem Wasser gefüllt ist. Etwa 10 Minuten kochen lassen, bis die Bohnen gar sind. Gründlich abtropfen und abkühlen lassen.

Die Salatsauce unter das Gemüse mischen und den Salat auf einzelnen Tellern auf Salatblättern anrichten. Mit Petersilie bestreuen.

RATATOUILLE

Für 6-8 Personen:
85ml Olivenöl,
450g Auberginen, in dünne Scheiben geschnitten oder gewürfelt,
450g Zucchini, in Scheiben geschnitten,
450g Zwiebeln, in dünne Streifen geschnitten,
450g grüne Paprika, entkernt und in dünne Streifen geschnitten,
5 Knoblauchzehen, zerdrückt,
750g Tomaten, halbiert,
frisch gemahlener schwarzer Pfeffer,
2 Stengel Thymian,
Basilikumblätter.
Zum Garnieren:
Gehackte Petersilie.

Eine Portion bei 6 Personen: Energie 195kcal/820kJ, Fett 15g, Ballaststoffe 7g
Eine Portion bei 8 Personen: Energie 145kcal/615kJ, Fett 11g, Ballaststoffe 5g

Die Hälfte des Öls in einem großen, schweren Topf erhitzen, die Auberginen zugeben und bei mittlerer Hitze dünsten, bis sie sich leicht verfärbt haben; dabei häufig wenden. Die Zucchinischeiben zugeben und 5-6 Minuten weiterdünsten, bis sie etwas Farbe angenommen haben. Die Auberginen- und Zucchinischeiben mit einem Schaumlöffel herausnehmen und beiseitestellen.
Das restliche Öl in den Topf geben, dann die Zwiebeln zugeben und langsam weichdünsten. Die Paprikastreifen und den Knoblauch zugeben, die Hitze höherschalten und ein paar Minuten dünsten. Die Tomaten zugeben und 10 Minuten dünsten, dabei häufig umrühren.
Die Auberginen- und Zucchinischeiben in den Topf geben und gründlich mit dem anderen Gemüse vermengen. Nach Geschmack pfeffern, dann den Thymian hineinkrümeln. Im offenen Topf 40 Minuten schwach dünsten, bis alle Zutaten gar sind; dabei gelegentlich umrühren. Kurz vor dem Servieren die Basilikumblätter in das Ratatouille krümeln, dann abschmecken. In eine vorgewärmte Schüssel geben und mit Petersilie bestreuen. Dieses Gericht kann warm oder kalt gegessen werden.

PREISELBEERMUS AMERIKANISCH

Menge ca. 450g:
1 große süße Orange, geschält,
1/2 kleine Zitrone, geschält,
300g frische Preiselbeeren, gewaschen,
100g brauner Zucker.

Eine Portion: Energie 815kcal/3425kJ, Fett geringfügig, Ballaststoffe 16g

Die Orange und Zitrone grob zerkleinern und die Kerne entfernen. Die Preiselbeeren, die Orange und die Zitrone im Mixer zerkleinern. Den Zucker hineinrühren. Über Nacht in den Kühlschrank stellen, damit sich das Aroma entfalten kann. Das Mus kann im Kühlschrank 3-4 Tage aufbewahrt werden.

AFRIKANISCHES TSCHAKSCHOUKA

Für 4 Personen:
2 Eßlöffel Olivenöl,
2 mittlere Zwiebeln, in Streifen geschnitten,
1/2 Teelöffel Chilipulver,
2 rote Paprika, entkernt und in dünne Streifen geschnitten,
2 grüne Paprika, entkernt und in dünne Streifen geschnitten,
6 Tomaten, gehackt,
frisch gemahlener schwarzer Pfeffer,
8 Eier.

Eine Portion: Energie 365kcal/ 1525kJ, Fett 19g, Ballaststoffe 2g

Das Öl in einer Pfanne erhitzen. Die Zwiebel zugeben und darin weichdünsten. Das Chilipulver hineinrühren und 1 Minute dünsten, dann die Paprikastreifen, Tomatenstückchen und Pfeffer nach Geschmack zugeben. Die Pfanne zudekken und 10 Minuten dünsten.
Die Gemüsemischung auf 4 einzelne flache Backformen aufteilen und in jede zwei Mulden drücken. Die Eier in die Mulden schlagen und mit Pfeffer nach Geschmack würzen.
Im vorgeheizten Backofen bei 200° (Gas Stufe 6) 8-10 Minuten backen, bis die Eier gestockt sind. Heiß servieren und knusprige Vollkornbrötchen dazu reichen.

GRIECHISCHER BOHNENSALAT

Für 4 Personen:
275g schwarzäugige oder weiße Bohnenkerne, über Nacht in kaltem Wasser eingeweicht,
1 l Wasser,
Cayennepfeffer,
4 Tomaten, gewürfelt,
2 große Zwiebeln, gehackt,
100g Schafskäse, gewürfelt,
2 Knoblauchzehen, zerdrückt,
1 Eßlöffel Weinessig,
3 Eßlöffel Olivenöl,
1/2 Teelöffel gehackte Oreganoblätter.

Eine Portion: Energie 335kcal/ 1340kJ, Fett 17g, Ballaststoffe 16g

Wenn frischer Oregano nicht erhältlich ist, nehmen Sie stattdessen gehackte Petersilie.
Die Bohnen abtropfen lassen und mit dem Wasser in einen Topf geben. Zum Kochen bringen und 10 Minuten sprudelnd kochen. Dann die Hitze herunterschalten und etwa 1 Stunde schwach kochen lassen. Mit Cayennepfeffer abschmecken und weitere 10-20 Minuten kochen lassen, bis die Bohnen eben gar sind. In ein Sieb schütten und abkühlen lassen.
Die Bohnen in eine große Salatschüssel geben und mit den Tomatenwürfeln, Zwiebeln und Käse vermischen.
Für die Salatsauce den Knoblauch mit dem Essig, dem Olivenöl und dem Oregano (oder der Petersilie) schlagen, über die Bohnen gießen und unterheben.
Den Salat 10-15 Minuten ziehenlassen. Vor dem Servieren noch einmal gut durchmischen.

TABBOULEH

Für 4-6 Personen:
225g Weizenschrot,
30-45 Minuten in kaltem Wasser eingeweicht,
3 Eßlöffel feingehackte Zwiebel,
frisch gemahlener schwarzer Pfeffer,
2 Eßlöffel Sesamöl,
5 Eßlöffel Zitronensaft,
3 Eßlöffel feingehackte frische Minze,
6 Eßlöffel feingehackte frische Petersilie,
1/2 Gurke, feingehackt,
1/2 Kopf römischer Salat.
Zum Garnieren:
Schwarze Oliven ohne Stein.

Eine Portion bei 4 Personen: Energie 260kcal/1095kJ, Fett 9g, Ballaststoffe 2g
Eine Portion bei 6 Personen: Energie 175kcal/730kJ, Fett 6g, Ballaststoffe 1g

Den Weizenschrot abtropfen lassen und in einem sauberen Küchentuch soviel Flüssigkeit wie möglich ausdrücken.
Den Weizenschrot und die Zwiebeln mit der Hand vermischen und ausquetschen, um den Zwiebelsaft herauszupressen. Mit Pfeffer würzen. Das Sesamöl, den Zitronensaft und die Kräuter zufügen. 15 Minuten ziehenlassen. Gründlich durchmischen und abschmecken - es kann sein, daß der Salat noch mehr Zitronensaft oder Pfeffer benötigt.
Die Gurkenstückchen kurz vor dem Servieren zugeben und einzelne Portionen auf Salatblättern anrichten. Jede Portion mit schwarzen Oliven garnieren.

KARIBISCHES FISCHRISOTTO

Für 6 Personen:
225g Langkorn-Naturreis,
2 Eßlöffel Olivenöl,
2 mittlere Zwiebeln, gehackt,
1 grüne Paprika, entkernt und kleingehackt,
2 Teelöffel Currypulver,
200g gemahlene, ungesalzene Erdnüsse,
450ml Apfelsaft,
2 Eßlöffel Zitronensaft,
1 Tafelapfel, geschält, entkernt und kleingewürfelt,
1 Eßlöffel feiner Zucker,
frisch gemahlener schwarzer Pfeffer,
400g Thunfisch aus der Dose, abgetropft, trockengetupft und zerpflückt.

Eine Portion: Energie 565kcal/2285kJ, Fett 33g, Ballaststoffe 5g

Den Reis 10 Minuten in Wasser kochen. Gründlich abtropfen lassen.
Das Öl in einem großen Topf erhitzen. Die Zwiebeln und die Paprikastücke hineingeben und weichdünsten. Das Currypulver hineinrühren und 2 Minuten dünsten, dann die geriebenen Erdnüsse, den Apfel- und Zitronensaft, die Apfelwürfel, Zucker und Pfeffer unterrühren. Unter ständigem Rühren aufkochen.
Den Reis und den Thunfisch hineinrühren und 10 Minuten dünsten, bis der Reis gar ist.

JAPANISCHES SASHIMI

Für 4 Personen:
750g frischer Seebarsch, Thunfisch, oder anderer Seefisch, filetiert,
175g weißer Rettich, geraspelt,
4-5 Frühlingszwiebeln, in sehr feine Streifen geschnitten,
175g Zuckererbsen,
einige gekochte Riesengarnelen in der Schale,
1 Eßlöffel geriebener Meerrettich,
Zitronenspalten,
1 Eßlöffel geriebene frische Ingwerwurzel,
helle Sojasauce nach Geschmack.

Eine Portion: Energie 250kcal/ 1060kJ, Fett 5g, Ballaststoffe 1g

Die Fische von Haut, Gräten und dunklen Stellen befreien. Diagonal in Streifen von 2,5 cm Länge und 5 mm Dicke schneiden.

Die Fischstreifen mit dem Gemüse und den Garnelen auf einer Platte anrichten. Den Meerrettich mit etwas Wasser zu einer dicken Paste rühren und mit den Zitronenspalten und dem Ingwer auf die Platte geben. Die Sojasauce in einzelne kleine Schälchen gießen.

Jeder Gast bekommt ein Schälchen mit Sojasauce, die er als Tunke für die Fisch- und Gemüsestreifen verwendet, und würzt sie nach seinem Geschmack mit Meerrettich und Ingwer.

AFRIKANISCHE GARNELEN

Für 4 Personen:
200g Schwarzaugen-Bohnen, über Nacht in kaltem Wasser eingeweicht,
ca. 600ml Wasser,
1 1/2 Eßlöffel Maiskeimöl,
1 mittlere Zwiebel, in Ringe geschnitten,
1/2 Teelöffel Chilipulver,
2 Teelöffel Tomatenmark,
400g Cocktailtomaten, halbiert,
150g frische oder tiefgefrorene Krabben,
2 große Bananen, in Scheiben geschnitten.
Zum Garnieren:
Frische Korianderblätter.

Eine Portion: Energie 300kcal/ 1360kJ, Fett 8g, Ballaststoffe 15g

Die Bohnen abtropfen lassen und mit dem Wasser in einen Topf geben. Zum Kochen bringen und 10 Minuten sprudelnd kochen lassen. Dann bei schwacher Hitze 25 Minuten kochen, bis die Bohnen gar sind, notfalls noch etwas Wasser zufügen.

Das Öl erhitzen und die Zwiebel darin goldgelb dünsten. Das Chili-Pulver und das Tomatenmark zugeben und ein paar Minuten dünsten. Diese Mischung zu den Bohnen geben und 20 Minuten zusammen schmoren. Die Tomaten und Krabben zugeben und weitere 10 Minuten dünsten; während der letzten 5 Minuten die Bananenscheiben zugeben.

Mit frischen Korianderblättern garnieren und servieren.

Afrikanische Garnelen

MITTELMEER-GEMÜSESUPPE

Für 8 Personen:
2 Eßlöffel Olivenöl,
1 mittlere Zwiebel, gehackt,
2 kleine Stangen Lauch, geputzt und gehackt,
1,2 l heißes Wasser,
2 kleine Möhren, geschabt und kleingewürfelt,
150g gekochte weiße Bohnen,
frisch gemahlener schwarzer Pfeffer,
175g Zucchini, in 1cm dicke Scheiben geschnitten,
175g grüne Bohnen, in 2,5cm lange Stücke geschnitten,
225g Tomaten, gehackt,
75g kurze Vollkornnudeln.
Pistou:
3 Knoblauchzehen, feingehackt,
40g feingehackte Basilikumblätter,
25g frisch geriebener Parmesan,
2 Eßlöffel Olivenöl.

Eine Portion: Energie 160kcal/ 675kJ, Fett 9g, Ballaststoffe 6g

Das Öl in einem schweren Topf erhitzen und die Zwiebeln und den Lauch darin goldgelb dünsten. Das heiße Wasser, die Möhren und weißen Bohnen zugeben. (Es können auch Bohnen aus der Dose verwendet werden; diese werden dann allerdings erst zugegeben, wenn die anderen Gemüsesorten gar sind.) Zum Kochen bringen, den Pfeffer zufügen und 45 Minuten bei schwacher Hitze kochen lassen. Die Zucchinischeiben, Stangenbohnen und Tomaten zugeben und weitere 20 Minuten dünsten. Die Nudeln zugeben und noch 15 Minuten weiterkochen, bis sie gar sind.
Während die Suppe kocht, das Pistou (Knoblauchsauce) herstellen. Dazu den Knoblauch in einem Mörser zerstoßen. Das gehackte Basilikum zugeben und mit dem Knoblauch zu einer breiigen Masse stoßen. Den geriebenen Käse dazugeben und weiter mit dem Stößel bearbeiten. Wenn eine glatte Masse entstanden ist, tropfenweise das Öl zugeben, bis eine cremige Paste entsteht. Dann die Knoblauchsauce in eine warme Suppenschüssel geben und die kochende Suppe darübergießen. Die Schüssel zudecken und 5 Minuten ziehen lassen.

LACHSSUPPE SKANDINAVISCH

Für 4 Personen:
75g Langkorn-Naturreis,
Kopf von einem großen Lachs, gewaschen,
1,2 l Fischbrühe,
1 Zwiebel, in Streifen geschnitten,
1 Selleriestange, in dünne Streifen geschnitten,
1/2 Teelöffel Dillsamen,
frisch gemahlener schwarzer Pfeffer.
Zum Garnieren:
Einige Garnelen, gehackter frischer Dill oder Petersilie.

Lachssuppe skandinavisch

Eine Portion: Energie 125kcal/ 530kJ, Fett 4g, Ballaststoffe 2g

Versuchen Sie, bei einem netten Fischhändler einen großen Lachskopf zu bekommen.

Den Reis in einen Durchschlag geben und gründlich unter fließendem Wasser abspülen. Abtropfen lassen.

Den Lachskopf in einen großen Topf geben und die Brühe hineingießen. Zum Kochen bringen, die Hitze herunterschalten und 20 Minuten leise kochen lassen. Den Fischkopf auf einen Teller legen. Die Kochbrühe in einen sauberen Topf durchseihen, dann den Reis, die Zwiebel, die Möhren, den Sellerie, die Dillkörner und Pfeffer nach Geschmack zugeben. Aufkochen, die Hitze herunterschalten und etwa 20 Minuten schwach kochen lassen, bis Reis und Gemüse gar sind.

Inzwischen vom Fischkopf das Fleisch ablösen und in die Suppe geben. Noch einmal vorsichtig erhitzen, dann abschmecken.

Zum Servieren die Suppe in eine vorgewärmte Suppenschüssel oder einzelne Suppenschalen gießen und mit Garnelen und Dill garnieren. Reichen Sie Roggenbrot zu dieser Suppe.

KICHERERBSEN-SUPPE

Für 4-6 Personen:
500g Kichererbsen, über Nacht in kaltem Wasser eingeweicht,
1 l Wasser,
2 Eßlöffel Olivenöl,
1 Eßlöffel Kümmel,
3 Knoblauchzehen, zerdrückt,
1 Eßlöffel Tahin-Paste (Sesampaste),
2 Eßlöffel Zitronensaft.

Eine Portion bei 4 Personen: Energie 490kcal/2060kJ, Fett 17g, Ballaststoffe 19g
Eine Portion bei 6 Personen: Energie 325kcal/1370kJ, Fett 11g, Ballaststoffe 13g

Die Kichererbsen abtropfen lassen und mit dem Wasser in einen Topf geben. Zum Kochen bringen und 10 Minuten sprudelnd kochen lassen. Dann die Hitze herunterschalten, das Öl und den Kümmel zugeben und 1 1/4 Stunden schwach kochen lassen.
Den Knoblauch und die Tahin-Paste zugeben und gut unterrühren. Weitere 25-30 Minuten schwach kochen lassen. Den Zitronensaft unterrühren und heiß servieren.

ITALIENISCHE SPINAT-GNOCCHI

Für 4 Personen:
450g frischer Spinat
oder 1 Paket Gefrierspinat zu 400g,
100g Hüttenkäse,
frisch gemahlener schwarzer Pfeffer,
1 Teelöffel geriebene Muskatnuß,
25g geriebener Parmesan,
1 Ei,
50g Weizenvollkornmehl.

Eine Portion: Energie 135kcal/560kJ, Fett 5g, Ballaststoffe 8g

Den Spinat in sehr wenig Wasser in einem verschlossenen Topf garen. Abtropfen lassen, ausdrücken und fein hacken. Den Hüttenkäse durch ein Sieb drücken. Den Spinat mit Pfeffer, Muskat und dem Hüttenkäse wieder in den Topf geben und bei schwacher Hitze 5 Minuten rühren. Vom Herd nehmen und die halbe Parmesanmenge, das Ei und das Mehl hineinschlagen. Auf einen Teller füllen und glattstreichen. Einige Stunden abkühlen lassen.
Mit etwas Mehl die Mischung zu kleinen Kroketten formen. Einen großen Topf mit kochendem Wasser bereithalten, die Spinat-Gnocchi hineingeben und etwa 5 Minuten kochen. Wenn sie gar sind, schwimmen sie oben. Die Gnocchi in einem Durchschlag abtropfen lassen. In eine leicht geölte und mit Parmesan bestreute feuerfeste Form legen. Mit dem restlichen Parmesan bestreuen und im vorgeheizten Ofen bei 180° (Gas Stufe 4) 5 Minuten überbacken.

GRATIN NACH MITTELMEERART

Für 4 Personen:
225g mageres Rinderhack,
1 mittlere Zwiebel, gehackt,
1 Knoblauchzehe, zerdrückt,
225g Zucchini, in Scheiben geschnitten,
1 Aubergine, gewürfelt,
400g Dosentomaten,
1/2 Teelöffel getrockneter Thymian,
1/2 Teelöffel getrockneter Rosmarin,
frisch gemahlener schwarzer Pfeffer,
200g Langkorn-Naturreis,
600ml Rinderbrühe,
2 Eßlöffel geriebener Parmesan,
2 Eßlöffel Vollkornbrösel.

Eine Portion: Energie 330kcal/ 1385kJ, Fett 7g, Ballaststoffe 6g

Das Rinderhack in einer großen Bratpfanne ohne zusätzliches Fett bräunen. Die Zwiebel, den Knoblauch, die Zucchinischeiben und Auberginenwürfel zugeben. Dann die Tomaten und Kräuter und Pfeffer nach Geschmack zufügen. Gründlich vermischen, die Pfanne mit Deckel verschließen und 35 Minuten bei schwacher Hitze dünsten.
Den Reis mit der Brühe in einen Topf geben, aufkochen und einmal umrühren. Die Hitze herunterschalten und 15 Minuten schwach kochen lassen, bis der Reis gar ist und die Brühe aufgesogen hat. Den Reis mit der Gemüse- und Fleischmischung vermengen und in eine flache feuerfeste Form geben, mit dem Käse und den Bröseln bestreuen und 10 Minuten unter einen Grill oder in den Backofen schieben.
Das überbackene Reisgericht sehr heiß servieren.

FRANZÖSISCHE DICKE BOHNEN

Für 4 Personen:
2 Teelöffel Olivenöl,
1 kleine Zwiebel, feingehackt,
2 Scheiben magerer Schinkenspeck ohne Schwarte, kleingeschnitten,
4 Knoblauchzehen, zerdrückt,
1kg dicke Bohnen ohne Schoten,
150ml Wasser,
ein paar Stengel Bohnenkraut,
frisch gemahlener schwarzer Pfeffer,
2 Eigelb,
1 Teelöffel Weinessig oder Zitronensaft.
Zum Garnieren:
Gehackte Petersilie.

Eine Portion: Energie 190kcal/ 795kJ, Fett 7g, Ballaststoffe 11g

Das Öl in einem schweren Topf erhitzen, die Zwiebel und den Schinkenspeck zugeben und einige Minuten langsam dünsten. Den Knoblauch und die Bohnen, dann das Wasser, Bohnenkraut und Pfeffer nach Geschmack zugeben. Alles gut vermischen.
Zum Kochen bringen, dann die Hitze herunterschalten und zugedeckt 20-30 Minuten schmoren, bis die Bohnen gar sind.
Das Bohnenkraut herausnehmen. Das Eigelb mit dem Essig oder dem Zitronensaft verquirlen und vorsichtig in die Bohnen gießen. Nochmal erhitzen, aber nicht kochen lassen. Abschmecken und in eine vorgewärmte Servierschüssel geben. Mit Petersilie bestreuen und sofort servieren.

LINSENSALAT AUF WIENER ART

Für 4 Personen:
350g grüne Linsen, 1 Stunde in kaltem Wasser eingeweicht,
frisch gemahlener schwarzer Pfeffer,
1 Knoblauchzehe, feingehackt,
2 Frühlingszwiebeln, gehackt,
4 Eßlöffel Apfel-Dressing,
4 Scheiben magerer Schinkenspeck ohne Schwarte, knusprig gebraten und kleingeschnitten.

Eine Portion: Energie 380kcal/ 1590kJ, Fett 10g, Ballaststoffe 11g

Die Linsen in einen Topf geben, mit kaltem Wasser bedecken, zum Kochen bringen und etwa 50 Minuten kochen, bis die Linsen gar sind. Das Wasser abgießen, die Linsen unter kaltem Wasser abspülen und in eine Servierschüssel füllen. Mit Pfeffer abschmecken. Den Knoblauch und die Zwiebeln gründlich unterrühren.
Die Salatsauce über die Linsen gießen und gründlich untermischen. Den kleingeschnittenen Schinkenspeck darüberstreuen oder unter die Linsen mischen. Sofort servieren.

MEERESFRÜCHTE-SALAT

Für 4 Personen:
225g Vollkornmakkaroni,
100g gekochte Muscheln ohne Schalen,
100g frische oder tiefgefrorene Krabben,
50g Anchovis aus der Dose, abgetropft und trockengetupft,
50g Pilze, in dünne Scheiben geschnitten,
4 Tomaten, in Spalten geschnitten,
3 Eßlöffel Apfel-Dressing,
2 Eßlöffel Tomatensaft,
1/2 Teelöffel getrockneter Oregano.
Zum Garnieren:
2 Eßlöffel gehackte frische Petersilie,
1 Eßlöffel geriebener Parmesan,
4 Zitronenscheiben.

Eine Portion: Energie 335kcal/ 1395kJ, Fett 10g, Ballaststoffe 7g

Die Makkaroni in einem großen Topf mit reichlich Wasser 10 Minuten kochen, bis sie gar, aber noch bißfest sind. Gründlich abtropfen lassen.
Noch warm die Nudeln mit den Muscheln, Krabben und Anchovis vermischen. Die Salatsauce mit dem Tomatensaft und Oregano mischen. Über die Nudelmischung gießen. Gründlich vermengen und in eine Salatschüssel geben. 2 Stunden im Kühlschrank kaltstellen.
Die gehackte Petersilie und den Parmesan über den Salat gießen und mit Zitronenscheiben verzieren. Sofort servieren.

Meeresfrüchte-Salat

FRANZÖSISCHES BOHNENRAGOUT

Für 6 Personen:
1 Eßlöffel Olivenöl,
1kg dicke Bohnen ohne Hülsen,
2 Knoblauchzehen, zerdrückt,
75g magerer Schinkenspeck ohne Schwarte, gewürfelt und angebraten,
150ml Wasser,
3 Möhren, geschabt und in dünne Scheiben geschnitten,
6 kleine Perlzwiebeln,
1 Bund Suppengrün,
1 Stengel Bohnenkraut,
1 Prise feiner Zucker,
frisch gemahlener schwarzer Pfeffer.

Eine Portion: Energie 105kcal/ 445kJ, Fett 4g, Ballaststoffe 8g

Das Öl in einem schweren Topf erhitzen und die Bohnen und den Knoblauch zugeben. Bei schwacher Hitze einige Minuten unter ständigem Rühren dünsten, dann die restlichen Zutaten und Pfeffer nach Geschmack zugeben. Alles gut vermischen.
Zum Kochen bringen, die Hitze herunterschalten und 20-30 Minuten schwach kochen lassen, bis die Bohnen gar sind. Suppengrün und Bohnenkraut herausnehmen, dann abschmecken. In eine vorgewärmte Schüssel geben und sofort servieren.

MINESTRONE

Für 4 Personen:
1/2 Stange Lauch, geputzt und sehr fein geschnitten,
1 Zwiebel, feingehackt,
1 Knoblauchzehe, zerdrückt,
1 Eßlöffel Olivenöl,
1,2 l helle Brühe,
1 Möhre, geschabt und in feine Stifte geschnitten,
1 weiße Rübe, geschält und in dünne Streifen geschnitten,
1 Stange Sellerie, geschabt und in dünne Streifen geschnitten,
25gVollkornmakkaroni,
1/4 Kopf Weißkohl, gewaschen und in feine Streifen geschnitten,
3 Stangenbohnen, in feine Streifen geschnitten,
25g frische Erbsen,
1 Teelöffel Tomatenmark,
4 Tomaten, gewürfelt,
1-2 Scheiben magerer Schinkenspeck, ohne Schwarte, gehackt und gebraten,
frisch gemahlener schwarzer Pfeffer,
Parmesan, gerieben.

Eine Portion: Energie 140kcal/ 585kJ, Fett 6g, Ballaststoffe 6g

Lauch, Zwiebeln und Knoblauch 5-10 Minuten im Öl dünsten, bis alles weich ist, aber noch keine Farbe angenommen hat. Die Brühe zugießen, zum Kochen bringen, dann die Möhre, Rübe, Sellerie und Makkaroni zugeben und 20-30 Minuten bei schwacher Hitze kochen. Den Kohl, die Bohnen und Erbsen zufügen und weitere 20 Minuten leise kochen lassen. Das Tomatenmark und die Tomaten sowie den Schinkenspeck zugeben und nach Geschmack würzen. Den geriebenen Parmesan in einem Extraschälchen dazu servieren.

Französisches Bohnenragout

FRANZÖSISCHE PORROSALDA

Für 6 Personen:
750g Kartoffeln, geschält und in runde Scheiben geschnitten,
1kg Lauch (nur der weiße Teil), in Ringe geschnitten,
3 Eßlöffel Weizenmehl,
450ml Gemüsebrühe oder Wasser,
50g magerer Schinkenspeck, gewürfelt und angebraten,
2 Knoblauchzehen, zerdrückt,
1 Bund Suppengrün,
frisch gemahlener schwarzer Pfeffer.

Eine Portion: Energie 195kcal/825kJ, Fett 2g, Ballaststoffe 9g

Die Kartoffeln und den Lauch in einen großen, schweren Topf geben. Das Mehl mit dem Wasser oder der Brühe verrühren und über das Gemüse gießen. Den Schinkenspeck, den Knoblauch, das Suppengrün und Pfeffer nach Geschmack zugeben. Zudecken und etwa 30 Minuten bei schwacher Hitze kochen lassen, bis die Kartoffeln gar sind.
Das Suppengrün herausnehmen, dann abschmecken.
Das Gemüse in eine vorgewärmte Schüssel geben und sofort servieren.

Salate

BUNTER BOHNENSALAT

Für 4-6 Personen:
450g grüne Bohnen, geputzt,
1 Prise geriebene Muskatnuß,
500g neue Kartoffeln, gebürstet und in der Schale gekocht,
3-4 Tomaten, gehackt oder in Spalten geschnitten,
1 mittelgroße Zwiebel, geschält und gehackt,
1 1/2 Eßlöffel gehackte frische Kräuter (z.B. Schnittlauch, Petersilie, Thymian),
6 Eßlöffel Joghurt-Dressing,
frisch gemahlener schwarzer Pfeffer.

Eine Portion bei 4 Personen: Energie 150kcal/635kJ, Fett 2g, Ballaststoffe 7g
Eine Portion bei 6 Personen: Energie 100kcal/420kJ, Fett 1g, Ballaststoffe 5g

Die Bohnen mit dem Muskat 10-12 Minuten dämpfen, bis sie gerade eben gar sind. Abtropfen lassen, unter kaltem Wasser abspülen und in eine Servierschüssel geben. Die Kartoffeln und Tomaten zugeben und gut vermengen. Zwiebeln und Kräuter darüber verteilen. Mit der Sauce begießen, abschmecken und gründlich vermischen.

SESAM-SPINAT-SALAT

Für 4 Personen:
450g Spinat,
2 Eßlöffel Sesamkörner,
2 Eßlöffel Sesamöl,
1 Teelöffel Apfelessig,
frisch gemahlener schwarzer Pfeffer.

Eine Portion: Energie 100kcal/420kJ, Fett 7g, Ballaststoffe 8g

Den Spinat in wenig kochendem Wasser 3 Minuten blanchieren. Abtropfen lassen und vorsichtig ausdrücken.
Die Sesamkörner in einer Pfanne erhitzen, dann im Mörser zerstoßen. Das Öl und den Essig zu den Sesamkörnern geben und gründlich miteinander verrühren. Nach Geschmack mit schwarzem Pfeffer würzen.
Den Spinat in 4cm lange Streifen schneiden. Die Sesamsauce darübergießen und mit dem Spinat vermischen. In einer flachen Schale servieren.

Maissalat (S. 77), Griechischer Bohnensalat (S. 56), Linsensalat auf Wiener Art (S. 64), Bunter Bohnensalat (S. 69)

KRAUTSALAT

Für 4-6 Personen:
225g Rotkohl, in feine Streifen geschnitten,
2 Tafeläpfel, ungeschält, entkernt und kleingeschnitten,
50g Rosinen,
25g ungesalzene Erdnüsse,
4 Selleriestengel, gehackt,
4-5 Eßlöffel Apfel-Dressing,

Eine Portion bei 4 Personen: Energie 170kcal/714kJ, Fett 10g, Ballaststoffe 4g
Eine Portion bei 6 Personen: Energie 110kcal/470kJ, Fett 7g, Ballaststoffe 3g

Den Kohl, die Apfelstücke, Rosinen, Erdnüsse und Selleriestücke in eine Schüssel geben. Die Salatsauce darübergießen und gründlich vermischen.

KRÄUTERSALAT

Für 8 Personen:
1 Knoblauchzehe, geschält und halbiert,
1 Kopf römischer Salat,
100 g Feldsalat,
1 Bund Brunnenkresse,
1 Körbchen Senfsaat und Kresse,
1 Bund Senfkohl,
1 Bund Schnittlauch,
1 Bund Petersilie,
1 Bund Basilikum,
1 Bund Minze,
2 Orangen, geschält, in Spalten zerteilt und klein geschnitten,
4-5 Eßlöffel Apfel-Dressing.

Eine Portion: Energie 45kcal/190kJ, Fett geringfügig, Ballaststoffe 2 g

Mit dem Knoblauch eine große Schüssel ausreiben. Die grünen Salate waschen und vorbereiten; möglichst viele der oben aufgeführten Sorten verwenden. Den Schnittlauch und die Petersilie hacken und vom Basilikum und von der Minze die Blätter abstreifen - die Stengel wegwerfen. Die grünen Salate und Kräuter in die Schüssel geben und gründlich vermischen. Das Dressing darübergeben und den Salat servieren.

Abwandlung:
Bei Ausschlußdiäten die Orangen weglassen.

ITALIENISCHER SALAT

Für 4 Personen:
1/2 Kopf krauser Endiviensalat, in Blätter zerteilt,
1 Kolben Chicorée, in Streifen geschnitten,
1 Fenchelknolle, in Streifen geschnitten,
1 kleiner Kopf Radicchio, in Blätter zerteilt,
8 Radieschen, in Scheiben geschnitten,
4 Eßlöffel Apfel-Dressing.

Eine Portion: Energie 90kcal/375kJ, Fett geringfügig, Ballaststoffe 2 g

Alle Zutaten in eine Salatschüssel geben und mit der Salatsauce vermischen. Dann abschmecken und sofort servieren.

Kräutersalat

SPINAT-WALNUSS-SALAT

Für 4 Personen:
175g Spinat, gewaschen und abgetropft,
40g Walnüsse, gehackt,
2 Schalotten, feingehackt,
2-3 Eßlöffel Apfel-Dressing,

Eine Portion: Energie 100kcal/ 430kJ, Fett 9g, Ballaststoffe 3g

Den gut abgetropften Spinat in kleine Stücke zerpflücken und mit den Walnüssen und Schalotten in eine Salatschüssel geben. Die Sauce darübergießen und gründlich vermischen.

DICKE-BOHNEN-SALAT

Für 4 Personen:
225g kleine dicke Bohnen, roh, ohne Schoten,
1/2 mittelgroße Gurke, ungeschält und kleingewürfelt,
2 mittelgroße Orangen, geschält und kleingewürfelt,
6 Radieschen, in Scheiben geschnitten,
2-3 Eßlöffel Apfel-Dressing,

Eine Portion: Energie 105kcal/ 435kJ, Fett 6g, Ballaststoffe 4g

Alle Zutaten miteinander vermischen und den Salat servieren. Knusprige Vollkornbrötchen dazu reichen.

MELONEN-COCKTAIL

Für 4-6 Personen:
1 kleine Honig- oder Warzenmelone,
100g Erdbeeren, geputzt und kleingeschnitten,
1 Stück Gurke von 5cm, in Scheiben geschnitten und geviertelt,
feingeriebene Schale von 1 großen Orange,
3-4 Eßlöffel Orangensaft,
2 Eßlöffel gehackte frische Minze,
15g blanchierte Pistazienhälften oder geröstete Mandeln,
1/2 kleiner Kopfsalat, in feine Streifen geschnitten.
Zum Garnieren:
4-6 Minzestengel.

Eine Portion bei 4 Personen: Energie 130kcal/540kJ, Fett 10g, Ballaststoffe 4g
Eine Portion bei 6 Personen: Energie 85kcal/360kJ, Fett 7g, Ballaststoffe 3g

Die Melone in Viertel zerteilen und Kerne und Schale entfernen. Das Fruchtfleisch in 1cm dicke Würfel schneiden oder mit einem Melonenlöffel Bällchen ausstechen. Mit den Erdbeeren- und Gurkenstückchen in eine Schüssel geben.
Die geriebene Orangenschale und den Orangensaft mit der Minze und den Nüssen mischen und über den Salat gießen. Vorsichtig unterheben.
Den zerkleinerten Kopfsalat gleichmäßig auf vier oder sechs Salatschalen oder Gläser aufteilen. Den Obstsalat daraufhäufen und den restlichen Orangensaft aus der Schüssel darüberträufeln. Gut gekühlt servieren, garniert mit Minzestengeln.

KASTANIEN-SALAT

Für 4 Personen:
225g ganze Eßkastanien, enthäutet,
175g Rosenkohl, kleingeschnitten,
2 Selleriestangen, gewürfelt,
1 große Orange, geschält und in Spalten zerteilt,
1 große Zwiebel, geschält und in Streifen geschnitten,
3 Eßlöffel Apfel-Dressing,

Eine Portion: Energie 170kcal/ 715kJ, Fett 7g, Ballaststoffe 7g

Die Kastanien in einen Topf geben und mit Wasser bedecken. Zum Kochen bringen, dann etwa 15 Minuten leise kochen lassen, bis die Kastanien gar sind. Gründlich abtropfen und abkühlen lassen.
Die Kastanien hacken und mit den anderen Zutaten vermischen. Dieser Salat paßt gut zu kaltem Putenfleisch.

APFEL-DRESSING

Menge ca. 300ml:
150ml Olivenöl,
150ml ungesüßter Apfelsaft,
1 Eßlöffel Zitronensaft,
1 Knoblauchzehe, zerdrückt (nach Belieben),
frisch gemahlener scharzer Pfeffer.

Eine Portion: Energie 1415kcal/ 5945kJ, Fett 150g, Ballaststoffe geringfügig

Alle Zutaten in ein Schraubglas füllen, das Glas verschließen und vor der Verwendung kräftig schütteln.

KARTOFFEL-SALAT

Für 4 Personen:
2 mittelgroße Kolben Chicorée,
1 Teelöffel Zitronensaft,
2 Eßlöffel einfaches, ungesüßtes Joghurt,
frisch gemahlener schwarzer Pfeffer,
450g neue Kartoffeln, gewaschen und gebürstet, in der Schale gekocht und kleingewürfelt,
175g Thunfisch aus der Dose, abgetropft und trockengetupft,
225g grüne Bohnen, in Streifen geschnitten und gekocht,
4 Tomaten, geviertelt,
20 schwarze Oliven.
Zum Garnieren:
Gehackter Schnittlauch.

Eine Portion: Energie 185kcal/ 720kJ, Fett 11g, Ballaststoffe 5g

Die Chicoréeblätter zerpflücken und um den Rand einer Servierplatte anordnen. Den Zitronensaft in das Joghurt rühren und mit Pfeffer würzen. Mit den gewürfelten Kartoffeln vermischen und in die Mitte der Servierplatte geben. Den Thunfisch mit den Bohnen, Tomaten und Oliven vermischen und um die Kartoffeln herum verteilen.
Den Salat mit gehacktem frischem Schnittlauch garnieren.

BLUMENKOHL-SALAT

Für 4 Personen:
1 Blumenkohl, in Röschen zerteilt,
50g Haselnüsse, gehackt,
50g Camenbert, gewürfelt,
75g Brunnenkresse,
4 Eßlöffel Apfel-Dressing,

Eine Portion: Energie 160kcal/ 680kJ, Fett 15g, Ballaststoffe 2g

Den Blumenkohl dämpfen, bis er gar, aber noch bißfest ist. Abtropfen und abkühlen lassen.
Den Kohl mit den Nüssen, dem Käse und der Brunnenkresse in einer Salatschüssel vermischen. Mit der Sauce begießen und vorsichtig untermengen. Leicht gekühlt servieren.

MÖHRENSALAT

Für 4 Personen:
225g Endiviensalat,
350g Möhren, geschabt und feingerieben,
2 mittlere Orangen, geschält und in Spalten zerteilt,
75g entsteinte Datteln,
2 Eßlöffel Zitronensaft.
Zum Garnieren:
50g Brunnenkresse.

Eine Portion: Energie 90kcal/385kJ, Fett geringfügig, Ballaststoffe 7g.

Mit den Salatblättern eine Schüssel auslegen. Die restlichen Zutaten miteinander vermischen und auf die Salatblätter häufen. Mit Brunnenkresse garnieren.

GERÄUCHERTER MAKRELENSALAT

Für 4 Personen:
6 Eßlöffel Bohnensprossen,
1/2 Gurke, ungeschält und in 5mm dicke Würfel geschnitten,
4 feste Tomaten,
2 Eßlöffel Zitronensaft,
4 kleine geräucherte Makrelenfilets.

Eine Portion: Energie 350kcal/ 1465kJ, Fett 24g, Ballaststoffe 2g

Die Bohnensprossen mit kaltem Wasser abspülen, gründlich abtropfen lassen und bis zum Gebrauch in den Kühlschrank stellen.
Die Bohnensprossen mit den Gurken- und Tomatenstücken vermischen und den Zitronensaft unterheben.
Die Fischfilets auf einzelnen Salattellern anrichten und mit dem Salat servieren.

APRIKOSENSALAT

Für 4 Personen:
175g Chicorée,
350g reife Aprikosen, entsteint,
3 Selleriestangen, kleingewürfelt,
75g grüne Oliven, kleingehackt,
75g gehobelte Mandeln,
4 Eßlöffel Joghurt-Dressing.

Eine Portion: Energie 165kcal/ 685kJ, Fett 12g, Ballaststoffe 10g

Ein paar äußere Chicorée-Blätter beiseitelegen und den Rest in dünne Streifen schneiden. Mit den ganzen Blättern eine flache Schüssel auslegen.
Alle Zutaten miteinander vermengen und auf die Chicoréeblätter häufen.

Geräucherter Makrelensalat

WEISSER BOHNENSALAT

Für 6 Personen als Vorspeise:
225g weiße Bohnenkerne (gemischt), über Nacht in kaltem Wasser eingeweicht,
600ml Wasser,
1 Zwiebel, feingehackt,
1 Lorbeerblatt,
frisch gemahlener schwarzer Pfeffer,
2 Eßlöffel Zitronensaft,
geriebene Schale von 1 kleinen Zitrone,
1 Eßlöffel Kapern,
2 Essiggurken, in Scheiben geschnitten,
1 Eßlöffel gehackte, frische Petersilie,
3 Eßlöffel Apfel-Dressing,
2 hartgekochte Eier, in Spalten geschnitten,
8 schwarze Oliven.

Eine Portion: Energie 195kcal/ 810kJ, Fett 8g, Ballaststoffe 10g

Die Bohnen abtropfen lassen und mit dem Wasser in einen Topf geben. Zum Kochen bringen und 10 Minuten sprudelnd kochen lassen. Dann die Zwiebeln und das Lorbeerblatt mit Pfeffer nach Geschmack zugeben. Im geschlossenen Topf bei schwacher Hitze kochen lassen, bis die Bohnen gar sind; die Garzeit beträgt 45 Minuten bis 1 Stunde. Die Bohnen abtropfen und gründlich abkühlen lassen.

Den Zitronensaft mit der griebenen Zitronenschale, den Kapern, Gurkenscheiben, der Petersilie und dem Apfel-Dressing vermischen. Die Hälfte der Sauce über die Bohnen gießen und 30 Minuten durchziehen lassen. Das Lorbeerblatt herausnehmen. Die Bohnen in eine Salatschüssel geben und mit den hartgekochten Eiern und Oliven garnieren. Die restliche Sauce darübergießen und sofort servieren.

AVOCADO-SALAT

Für 4 Personen:
2 große Avocados,
2 Eßlöffel Zitronensaft,
2 Grapefruits, geschält, von den Häuten befreit und in Spalten zerteilt,
1 Eßlöffel gehackte frische Minze,
1 kleiner Kopfsalat,
2 Eßlöffel Sesamkörner.
Zum Garnieren:
Minzestengel.

Eine Portion: Energie 170kcal/ 710kJ, Fett 15g, Ballaststoffe 2g

Die Avocados schälen, der Länge nach halbieren, dann die Steine herauslösen. Das Fruchtfleisch in Scheiben schneiden, in eine Schüssel geben und mit dem Zitronensaft beträufeln. Die Grapefruitspalten und die gehackte Minze unterheben.
Die Salatblätter in einzelne Salatschälchen anordnen. Den Salat darauf verteilen und mit den Sesamkörnern bestreuen. Mit Minzezweigen garnieren und sofort servieren.

Weißer Bohnensalat

MAISSALAT

Für 4 Personen:
200g Gemüsemais aus der Dose, abgetropft,
4 Eßlöffel grüne Oliven, entsteint und in Scheiben geschnitten,
1 Eßlöffel gehackte Paprikaschote aus der Dose,
25g Edamer, kleingewürfelt oder in Stifte geschnitten,
4 Eßlöffel Apfel-Dressing.

Eine Portion: Energie 145kcal/ 600kJ, Fett 11g, Ballaststoffe 3g

Den Mais mit den Oliven, den Paprikastückchen und den Käsewürfeln in einer Salatschüssel vermischen.
Die Sauce über den Salat gießen und vermischen. Zugedeckt 10 Minuten kaltstellen, damit sich das Aroma entfalten kann. Vor dem Servieren noch einmal durchmischen.

ROTER BOHNENSALAT

Für 4 Personen:
120g rote Bohnen, über Nacht in kaltem Wasser eingeweicht,
600ml Wasser,
4 Eßlöffel Sesamsauce,
Zum Garnieren:
1 Eßlöffel gehackte frische Petersilie.

Eine Portion: Energie 130kcal/555kJ, Fett 5g, Ballaststoffe 8g

Die Bohnen abtropfen und mit dem Wasser in einen Topf geben. Zum Kochen bringen und 10 Minuten sprudelnd kochen lassen. Dann die Hitze herunterschalten und etwa 45 Minuten leise kochen lassen, bis die Bohnen gar sind. Gegebenenfalls noch etwas Wasser nachfüllen. Die Bohnen gründlich abtropfen lassen und mit der Sesamsauce vermischen. Mit gehackter Petersilie garnieren.

SESAM-DRESSING

Menge ca. 300ml:
175g Sesamkörner,
400ml Wasser,
2-3 Knoblauchzehen, zerdrückt,
4 Eßlöffel Zitronensaft.

Eine Portion: Energie 1010kcal/4280kJ, Fett 90g, Ballaststoffe 9g

Die Sesamkörner mit dem Wasser in einen Mixer geben und auf höchster Stufe schlagen. Die restlichen Zutaten zugeben und noch eine Minute mixen.

JOGHURT-DRESSING

Menge ca. 200ml:
175ml einfaches, ungesüßtes Joghurt,
1 Eßlöffel Olivenöl,
1 Teelöffel Zitronensaft,
frisch gemahlener schwarzer Pfeffer.

Eine Portion: Energie 230kcal/950kJ, Fett 17g, Ballaststoffe geringfügig

Alle Zutaten miteinander vermischen.
Abwandlung:
1 Teelöffel gehackte frische Kräuter zufügen (Minze, Schnittlauch, Basilikum oder Thymian).

PFLAUMENSALAT

Für 4 Personen:
750g reife Pflaumen, entsteint,
2 Teelöffel Zitronensaft,
1 Ei,
3 Eßlöffel Estragon-Essig.
Zum Garnieren:
1 Teelöffel gehackter frischer Estragon (nach Belieben).

Eine Portion: Energie 90kcal/380kJ, Fett 1g, Ballaststoffe 4g

Die Pflaumen in eine Schüssel geben und mit Zitronensaft beträufeln. Das Ei leicht verquirlen, mit dem Essig in einen Topf geben und im Wasserbad bei mittlerer Hitze erhitzen, bis die Mischung dick wird; dabei ständig rühren. Die Pflaumen mit der warmen Sauce vermischen. Falls gewünscht, mit Estragon garnieren und auftragen.

Picknicks und Grillfeste

EINGELEGTER LACHS

Für 6-8 Personen:
200g Lachs aus der Dose, abgetropft,
225g Hüttenkäse mit Schnittlauch,
100g Gefriererbsen, gekocht,
2 Eßlöffel einfaches, ungesüßtes Joghurt,
1 Teelöffel Worcestershire-Sauce,
frisch gemahlener schwarzer Pfeffer.

Eine Portion bei 6 Personen: Energie 100kcal/410kJ, Fett 4g, Ballaststoffe 2g
Eine Portion bei 8 Personen: Energie 75kcal/305kJ, Fett 3g, Ballaststoffe 1g

Alle Zutaten mit Pfeffer nach Geschmack im Mixer glattschlagen. Die Masse in einen Plastikbehälter füllen und glattstreichen. Zudecken und für mehrere Stunden oder besser noch über Nacht im Kühlschrank kaltstellen. Als Brotaufstrich für Vollkorn-Knäckebrot oder -Toast verwenden.

PILZPASTETE MIT MANDELN

Für 4 Personen:
1-2 Eßlöffel Olivenöl,
225g Pilze, gehackt,
2 Frühlingszwiebeln, feingehackt,
65g blanchierte Mandeln, geröstet,
100g Quark,
frisch gemahlener schwarzer Pfeffer,
1 Prise getrockneter Estragon (nach Belieben).

Eine Portion: Energie 175kcal/730kJ, Fett 16g, Ballaststoffe 4g

Das Öl in einer Pfanne erhitzen und die Pilze und Frühlingszwiebeln darin langsam weichdünsten. Diese Mischung zusammen mit den Mandeln und dem Quark in den Mixer geben. Mit Pfeffer und Estragon - falls verwendet - abschmecken. Zu einer glatten Masse schlagen und diese in einen Plastikbehälter füllen. Die Pastete zudecken und mindestens 3 Stunden kaltstellen. Dazu Vollkornbrötchen reichen.

ZUCCHINI-SPIESSE

Für 4 Personen:
2 Zucchini, in dicke Scheiben geschnitten,
200g kleine Chamignons,
3 Eßlöffel Zitronensaft,
100g magere Schinkenspeckscheiben ohne Schwarte, halbiert und aufgerollt,
200g Putenleber, gewürfelt,
frisch gemahlener scharzer Pfeffer,
Paprikapulver,
gehacktes frisches Basilikum,
Olivenöl.

Eine Portion: Energie 150kcal/630kJ, Fett 9g, Ballaststoffe 2g

Die Zucchinischeiben und Pilze mit dem Zitronensaft beträufeln und abwechselnd mit den Pilzen, Schinkenröllchen und den Putenleberstückchen auf 4 lange hölzerne Spieße stecken. Mit Pfeffer, Paprika und Basilikum würzen und mit etwas Öl bestreichen.
Auf einem Holzkohlengrill oder unter einem vorgeheizten Elektrogrill etwa 10 Minuten grillen - zwischendurch gelegentlich wenden -, bis die Spieße braun und knusprig sind.
Die Zucchinischeiben mit etwas Pfeffer bestreuen und die Spieße sofort mit Vollkorntoast servieren.

EINGELEGTES PUTENFLEISCH

Für 4-6 Personen:
225g gekochtes Putenfleisch,
2 Eßlöffel Olivenöl,
1 mittlere Zwiebel, sehr fein gehackt,
1-2 Knoblauchzehen, zerdrückt,
50g scharze Oliven, gehackt,
75g rote Paprika, kleingewürfelt,
1 Eßlöffel trockener Sherry oder Portwein,
ca. 5 Eßlöffel Hühnerbrühe,
frisch gemahlener schwarzer Pfeffer,
1 Prise geriebene Muskatblüte oder geriebene Muskatnuß,
1 Prise gemischte getrocknete Kräuter (nach Belieben).

Eine Portion bei 4 Personen: Energie 170kcal/715kJ, Fett 10g, Ballaststoffe 1g
Eine Portion bei 6 Personen: Energie 115kcal/475kJ, Fett 7g, Ballaststoffe 1g

Man kann auch gekochtes Hühnerfleisch oder Wild verwenden. Eingelegtes Putenfleisch hält sich 2-3 Tage im Kühlschrank, aber nicht länger, da es keinerlei Konservierungsmittel enthält.
Das Putenfleisch sehr fein zerkleinern. Das Öl in einer Pfanne erhitzen, die Zwiebel und den Knoblauch zufügen und langsam weichdünsten. Das zerkleinerte Fleisch, die Oliven und Paprikastückchen hineingeben, dann den Sherry oder Portwein und ein wenig Brühe zugeben. Die Masse soll gerade eben feucht sein. Mit Pfeffer und Muskatblüte oder Muskatnuß abschmecken und nach Belieben die Kräuter zugeben. Die Masse in einen Plastikbehälter füllen und glattstreichen. Im Kühlschrank erstarren lassen.

Putenspieße mit Fruchtreis (S. 82)

PUTENSPIESSE MIT FRUCHTREIS

Für 4 Personen:
Aprikosenreis:
1 Eßlöffel Öl,
1 mittlere Zwiebel, gehackt,
1 Selleriestange, in Streifen geschnitten,
225g Langkorn-Naturreis,
600ml Hühnerbrühe,
50g Rosinen,
75g getrocknete Aprikosen, grob gehackt,
25g Walnüsse, grob gehackt,
1 Zimtstange,
1 Lorbeerblatt,
frisch gemahlener schwarzer Pfeffer.

Eine Portion: Energie 380kcal/ 1585kJ, Fett 12g, Ballaststoffe 9g

Spießchen:
450g Putenfleisch, dunkles oder helles, in 2,5cm dicke Würfel geschnitten,
4 Scheiben magerer Schinkenspeck ohne Schwarte, halbiert und zusammengerollt,
8 Zwiebelspalten oder 4 kleine Zwiebeln, halbiert.
Sauce:
3 Eßlöffel ungesüßtes Kastanienpüree aus der Dose,
2 Teelöffel Dijon-Senf,
1 Knoblauchzehe, zerdrückt,
2 Eßlöffel Zitronensaft,
2 Eßlöffel Orangensaft,
1 Eßlöffel Maiskeimöl,
1 Teelöffel Worcestershire-Sauce,
geriebene Schale von 1 Orange,
1 Prise Cayennepfeffer,
frisch gemahlener schwarzer Pfeffer.

Eine Portion: Energie 255kcal/ 1075kJ, Fett 9g, Ballaststoffe 1g

Für den Reis das Öl in einem Topf erhitzen. Die Zwiebel und den Sellerie hineingeben und in 5 Minuten goldbraun dünsten. Den Reis zufügen und 1 Minute dünsten, dabei ständig rühren. Die Brühe zugießen, dann die Rosinen, Aprikosen und Walnüsse zugeben. Unter gelegentlichem Rühren zum Kochen bringen, dann den Zimt, das Lorbeerblatt und Pfeffer nach Geschmack zugeben. Die Hitze herunterschalten und im zugedeckten Topf noch 30 Minuten dünsten, bis der Reis gar ist und die Brühe aufgesogen hat. Die Zimtstange und das Lorbeerblatt herausnehmen.
Die Putenfleischwürfel abwechselnd mit den Schinkenspeckröllchen und Zwiebeln auf 4 lange Spieße stecken. Die Saucenzutaten in einen Topf geben und kurz aufkochen. Schnell vom Herd nehmen und die Spieße mit der Sauce einpinseln. Auf einem Holzkohlengrill oder im vorgeheizten Elektrogrill bei mäßiger Hitze auf jeder Seite 8-10 Minuten grillen. Zwischendurch mindestens noch einmal mit der Sauce bestreichen.
Den Reis in eine vorgewärmte flache Schale füllen und die Spieße darauf anrichten. Sofort servieren.

FISCHPASTETE MIT GRAPEFRUIT

Für 4-6 Personen:
200g Thunfisch aus der Dose, abgetropft,
geriebene Schale von 1 Grapefruit,
1 Grapefruit, in Spalten zerteilt,
75g frische Vollkorn-Brösel,
2 Teelöffel geriebene Zwiebel,
1 Ei, geschlagen,
frisch gemahlener schwarzer Pfeffer.

Eine Portion bei 4 Personen: Energie 210kcal/880kJ, Fett 13g, Ballaststoffe 2g
Eine Portion bei 6 Personen: Energie 140kcal/585kJ, Fett 9g, Ballaststoffe 1g

Den Thunfisch zerpflücken und mit einer Gabel zerquetschen, dann die restlichen Zutaten und Pfeffer nach Geschmack untermischen. In eine gefettete Kastenform mit 450g Inhalt füllen und glattstreichen.
Im vorgeheizten Backofen bei 180° (Gas Stufe 4) 40 Minuten backen. In der Form abkühlen lassen, dann auf eine Servierplatte stürzen. Gut gekühlt servieren.

OBSTSPIESSE

Für 4 Personen:
1 grüner Apfel mit Schale, entkernt und in dicke Scheiben geschnitten,
1 roter Apfel mit Schale, entkernt und in dicke Scheiben geschnitten,
2 Bananen, geschält und in dicke Scheiben geschnitten,
Zitronensaft,
2 große Orangen, geschält und in Spalten zerteilt,
12 blaue Weinbeeren,
50g Edamer, gewürfelt,
Minzestengel (nach Belieben).

Eine Portion: Energie 120kcal/495kJ, Fett 3g, Ballaststoffe 3g

Die Apfel- und Bananenscheiben mit etwas Zitronensaft bestreichen, damit sie sich nicht verfärben. Die Apfelstücke abwechselnd mit den Bananenscheiben, Orangenspalten, Weinbeeren und Käsewürfeln auf 4 Spieße stecken. Auf einem Holzkohlengrill oder im vorgeheizten Elektrogrill grillen. Bei Verwendung eines Holzkohlengrills einige Minzestengel ins Feuer werfen, damit das Aroma in die Früchte zieht.

GEFÜLLTE WEINBLÄTTER

Für 6 Personen:
225g frische oder eingemachte Weinblätter,
150g Langkorn-Naturreis, 15 Minuten in kaltem Wasser eingeweicht, gespült und abgetropft,
350g Zwiebeln, gewürfelt,
50g Pinienkerne,
25g blanchierte gehobelte Mandeln,
25g Rosinen,
4 Eßlöffel gehackte frische Minze,
2 Eßlöffel gehackte frische Petersilie,
3 Eßlöffel gehackter Dill oder Fenchel (nach Belieben),
4 Eßlöffel Olivenöl,
5 Eßlöffel Zitronensaft,
frisch gemahlener schwarzer Pfeffer,
1 Eiweiß.

Eine Portion: Energie 310kcal/ 1310kJ, Fett 20g, Ballaststoffe 5g

Gefüllte Weinblätter eignen sich gut für Picknicks, da sie im voraus zubereitet werden und aus der Hand gegessen werden können.

Wenn Sie frische Weinblätter verwenden, müssen Sie diese 2 Minuten in kochendem Wasser blanchieren. Abtropfen und mit kaltem Wasser abspülen. Gegebenenfalls die Stengel entfernen.

Den Boden eines großen Topfes mit 3-4 Weinblättern auslegen.

Den Reis mit den Zwiebeln, Pinienkernen, Mandeln, Rosinen, Kräutern, dem Öl und 3 Eßlöffel Zitronensaft vermischen. Mit Pfeffer abschmecken. Mit dem Eiweiß binden. Einen Teelöffel der Füllung am Stielansatz auf ein Weinblatt geben. Die Füllung mit dem Blatt aufrollen und das Stielende des Blattes andrükken. Beide Ränder des Blattes zur Mitte hin falten und zu einer kleinen Rolle formen.

Die gefüllten Weinblätter mit den Nahtstellen nach unten in den Topf legen. Die einzelnen Lagen mit Pfeffer bestreuen. Den restlichen Zitronensaft darübergießen. Mit einem kleinen feuerfesten Teller bedecken. Soviel Wasser einfüllen, daß der Topf zur Hälfte gefüllt ist. Zudecken und 50 Minuten bei sehr schwacher Hitze dünsten. Dann ein gefülltes Weinblatt herausnehmen und prüfen, ob es gar ist. Gegebenenfalls noch ein paar Minuten weiterdünsten. Bei frischen Weinblättern richtet sich die Garzeit nach dem Alter der Blätter. Gegebenenfalls während des Garens Wasser nachfüllen.

SCHINKEN-KARTOFFELN

Für 4 Personen:
4 feste, gleich große Kartoffeln,
1 Eßlöffel Olivenöl,
frisch gemahlener schwarzer Pfeffer,
100g magerer Schinkenspeck, gewürfelt und knusprig gebraten,
3 mittelgroße Tomaten, kleingewürfelt.
Zum Garnieren:
Gehackter frischer Schnittlauch, einfaches, ungesüßtes Joghurt.

Eine Portion: Energie 210kcal/ 890kJ, Fett 4g, Ballaststoffe 5g

Die Kartoffeln unter fließendem Wasser gründlich abbürsten und abtrocknen. Mit einer Gabel einstechen, mit Öl bestreichen und mit Pfeffer bestreuen. Die Kartoffeln einzeln in Alufolie einwikkeln. Auf heiße Kohlen legen und etwa 45 Minuten bis 1 Stunde backen. Gelegentlich wenden.

Die Kartoffeln aus der Folie nehmen und einen Deckel abschneiden. Das Innere mit einem Löffel herausschaben und in eine Schüssel geben. Den gewürfelten Schinkenspeck, die Tomaten und den Pfeffer zugeben, gut miteinander vermischen und in die ausgehöhlten Kartoffeln füllen. Wieder in die Folie wickeln und noch 15 Minuten backen.

Die Kartoffeln mit Joghurt und Schnittlauch garnieren.

Zwischen-mahlzeiten

GESCHMORTE KOHLRABI

Für 4 Personen:
5-6 Kohlrabi, geschält und in feine Scheiben oder Würfel geschnitten,
2 Teelöffel Olivenöl,
1 Stengel Petersilie, grob gehackt,
100g Camenbert, in Würfel geschnitten,
50g magerer Schinkenspeck ohne Schwarte, kleingewürfelt und gebraten,
300ml fettarme Milch, lauwarm,
geriebene Muskatnuß.

Eine Portion: Energie 170kcal/ 720kJ, Fett 10g, Ballaststoffe 1g

Den Kohlrabi in eine Kasserolle geben und mit dem Öl beträufeln. Die Petersilie, den Käse, den Schinkenspeck, die Milch zugeben und gründlich vermischen. Mit Muskat nach Geschmack würzen und nochmals gut umrühren. 20-30 Minuten im vorgeheizten Backofen bei 200° (Gas Stufe 6) schmoren.

KNUSPRIGE FISCHFILETS

Für 4 Personen:
450g Schellfisch- oder Rotbarschfilets,
150g Walnüsse, gemahlen,
75g Vollkornbrösel,
3 Eßlöffel sehr fein gehackte Petersilie,
1 Eßlöffel Olivenöl,
3 Eßlöffel Zitronensaft,
1-2 Knoblauchzehen, zerdrückt.

Eine Portion: Energie 375kcal/ 1580kJ, Fett 24g, Ballaststoffe 4g

Die Fischfilets in eine leicht geölte, flache feuerfeste Form legen. Die restlichen Zutaten zu einer Paste verrühren und gleichmäßig über die Fischfilets streichen. Fest andrücken. Im vorgeheizten Backofen bei 180° (Gas Stufe 4) 15-20 Minuten backen.
Die Fischfilets auf eine vorgewärmte Servierplatte legen und mit grünem Salat servieren.

GEFÜLLTE ARTISCHOCKEN

Die dicken Stiele von den Artischocken abschneiden und die Blätter mit einer Küchenschere beschneiden. Die Artischocken in einen großen Topf mit kochendem Wasser setzen und zugedeckt 45 Minuten schwach kochen lassen. Die Artischocken sind gar, wenn sich ein Blatt leicht lösen läßt. Die Artischocken umgedreht in einen Durchschlag setzen und abtropfen lassen.
Das Herz vorsichtig mit einem scharfen Messer herauslösen und anderweitig verwenden.
Die Artischocken mit einer der nachfolgenden Füllungen füllen.

GARNELEN-FÜLLUNG

Menge ausreichend für 2 Artischocken:
50g frische oder tiefgefrorene Garnelen,
150ml einfaches, ungesüßtes Joghurt,
1 Eßlöffel gehackter Schnittlauch,
1 Teelöffel Kapern,
1/2 Teelöffel getrockneter Estragon.
Zum Garnieren:
2 Garnelen mit Schalen.

Eine Portion: Energie 110kcal/460kJ, Fett 4g, Ballaststoffe 2g (einschließlich der Artischocke)

Alle Zutaten miteinander vermischen und auf die beiden Artischocken aufteilen. Die ganzen Garnelen daraufsetzen.

VEGETARISCHE FÜLLUNG

Menge ausreichend für 2 Artischocken:
1 Eßlöffel Olivenöl,
1/2 grüne Paprika, entkernt und kleingewürfelt,
1 Selleriestange, kleingehackt,
1 Eßlöffel feingehackte Zwiebel,
50g Pilze, gehackt,
150ml Tomatensaft,
frisch gemahlener schwarzer Pfeffer.

Eine Portion: Energie 125kcal/530kJ, Fett 8g, Ballaststoffe 3g (einschließlich der Artischocke)

Das Öl erhitzen und die Paprika, den Sellerie, die Zwiebel und die Pilze darin dünsten. Den Tomatensaft zugeben und mit Pfeffer abschmecken. 30 Minuten schmoren. In die Artischocken füllen und heiß oder kalt servieren.

FÜLLUNG MIT HÜHNERFLEISCH

Menge ausreichend für 2 Artischocken:
100g gekochtes Hühnerfleisch, kleingewürfelt,
50g gekochte grüne Erbsen,
3 Eßlöffel einfaches, ungesüßtes Joghurt,
frisch gemahlener schwarzer Pfeffer.
Zum Garnieren:
2 Tomaten, in Scheiben geschnitten.

Eine Portion: Energie 140kcal/595kJ, Fett 4g, Ballaststoffe 4g (einschließlich der Artischocke)

Alle Zutaten miteinander vermischen und auf die beiden Artischocken aufteilen. Mit den Tomatenscheiben garnieren.

BLUMENKOHL-FÜLLUNG

Menge ausreichend für 2 Artischocken:
175g Blumenkohl, in Röschen zerteilt,
25g Pilze, gehackt,
1 Eßlöffel kleingewürfelter magerer Schinkenspeck,
1 Eßlöffel Tomatenmark,
1 Eßlöffel Hühnerbrühe,
frisch gemahlener schwarzer Pfeffer,
25g Edamer, gerieben.

Eine Portion: Energie 120kcal/ 495kJ, Fett 4g, Ballaststoffe 4g (einschließlich der Artischocke)

Den Blumenkohl mit den Pilzen und dem Schinkenspeck vermischen, dann das Tomatenmark und die Brühe unterrühren. Mit Pfeffer würzen. In einer feuerfesten Form im vorgeheizten Backofen bei 180° (Gas Stufe 4) 45 Minuten backen. In die Artischocken füllen und mit dem Käse bestreuen. Unter einen vorgeheizten Grill schieben, bis der Käse geschmolzen und goldbraun ist.
Die Artischocken sofort servieren.

ÜBERBACKENER LAUCH

Für 4 Personen:
8 große Stangen Lauch, gewaschen und in 5cm lange Stücke geschnitten,
2 große Möhren, geschabt und in 5cm lange Stücke geschnitten,
4 Scheiben magerer Schinkenspeck
Sauce:
25g Margarine,
25g Vollkornmehl,
300ml fettarme Milch,
frisch gemahlener schwarzer Pfeffer,
geriebene Muskatnuß.
Zum Bestreuen:
50g Edamer, gerieben,
75g frische Vollkornbrösel.

Eine Portion: Energie 260kcal/ 1105kJ, Fett 10g, Ballaststoffe 8g

Den Lauch und die Möhren in kochendem Wasser in etwa 10-15 Minuten garen. Das Wasser abgießen und aufheben. Das Gemüse in eine feuerfeste Form geben.
Inzwischen für die Sauce die Margarine in einer Pfanne zerlassen, das Mehl einrühren und unter ständigem Rühren 2-3 Minuten dünsten. Die Pfanne von der heißen Platte nehmen und nach und nach die Milch und 150ml Kochflüssigkeit zugeben, dabei ständig rühren. Die Hitze herunterschalten, mit Pfeffer und Muskat abschmecken und aufwallen lassen, bis die Sauce dick ist.
Die Schinkenspeckscheiben grillen und auf das Gemüse legen. Darüber die Sauce gießen und zum Schluß das Ganze dick mit dem Käse und den Bröseln bestreuen. Die Form unter einen vorgeheizten Grill oder in einen Backofen schieben und goldbraun backen. Sofort servieren.

GRÜNE PFANNKUCHEN

Für 4 Personen:
Pfannkuchen:
100g Spinat, gewaschen und abgetropft,
100g Vollkornmehl,
1 Ei,
150ml fettarme Milch.
Füllung:
450g Spinat, gewaschen und abgetropft,
frisch gemahlener schwarzer Pfeffer,
100g fettarmer Frischkäse,
1 Eßlöffel gehackter Schnittlauch.

Eine Portion: Energie 175kcal/ 730kJ, Fett 4g, Ballaststoffe 10g

Den Spinat in wenig Wasser dünsten, bis die Blätter zusammenfallen und heller werden. In einem Mixer zu einem dünnen Püree zerkleinern.
Das Mehl in eine Schüssel geben. Das Ei und die Milch, dann das Spinatpüree hineinschlagen. Den Teig 20 Minuten stehenlassen.
Inzwischen die Füllung zubereiten. Den Spinat etwa 6 Minuten dämpfen. Wenn er etwas abgekühlt ist, mit den Händen soviel Flüssigkeit wie möglich ausdrükken, dann feinhacken. Mit Pfeffer würzen. Den Käse mit dem Schnittlauch verrühren.
Eine beschichtete Pfanne erhitzen und aus dem Teig 8 kleine Pfannkuchen backen. Den Spinat auf die Pfannkuchen aufteilen und auf beide Seiten 1 Teelöffel Käse setzen. Die Pfannkuchen aufrollen und servieren.

ÜBERBACKENER SELLERIE

Für 4 Personen:
1 Sellerieknolle, geputzt und gewürfelt,
25g Margarine,
25g Vollkornmehl,
150ml fettarme Milch,
50g Edamer, gerieben,
25g Vollkornbrösel.

Eine Portion: Energie 140kcal/ 585kJ, Fett 8g, Ballaststoffe 3g

Den Sellerie in wenig Wasser 10-15 Minuten kochen. Gut abtropfen lassen und 150ml Kochflüssigkeit aufheben. Die Margarine in einem kleinen Topf zerlassen, das Mehl einrühren und bei schwacher Hitze 3 Minuten dünsten. Die Kochbrühe zugießen und unter ständigem Rühren zu einer glatten Masse verarbeiten. Die Hälfte des Edamers zugeben und unterrühren. Eine feuerfeste Form abwechselnd mit einer Lage Sellerie und Sauce füllen. Den restlichen Käse mit den Bröseln vermischen und darüberstreuen. Im vorgeheizten Ofen bei 190° (Gas Stufe 5) hellbraun backen.

HUHN MIT ERDNUSSBUTTER

Für 4 Personen:
4x225g Hühnerbrust ohne Knochen,
3 Eßlöffel Erdnußbutter.

Eine Portion: Energie 385kcal/ 1620kJ, Fett 12g, Ballaststoffe 2g

Die Hühnerbruststücke zwischen zwei Bögen feuchtes Pergamentpapier legen und mit einem Rollholz klopfen, bis sie dünn genug sind, um sie aufzurollen. Gleichmäßig mit der Erdnußbutter bestreichen. Aufrollen und mit einem hölzernen Cocktailspießchen oder einem Baumwollfaden sichern. In eine Grillpfanne legen und im vorgeheizten Grill etwa 5 Minuten grillen. Dann wenden und die andere Seite grillen.
Gegebenenfalls die Fäden entfernen. Die Hühnerbrustrouladen mit einem grünen Salat servieren.

KRÄUTER-BÄLLCHEN

Für 4 Personen:
350g Spinat, gewaschen und abgetropft,
75g Brunnenkresse, gewaschen und abgetropft,
50g Petersilie, gewaschen und abgetropft,
1 Eßlöffel gehackter Kerbel,
1 Eßlöffel gehackter Estragon,
1 Eßlöffel gehackter Dill,
175g fettarmer Frischkäse,
frisch gemahlener schwarzer Pfeffer,
2 Eier, geschlagen,
2 1/2 Eßlöffel Vollkornmehl,
25g frisch gemahlener Parmesan.

Eine Portion: Energie 185kcal/ 770kJ, Fett 7g, Ballaststoffe 9g

Einen Tag vorher mit der Zubereitung beginnen. Den Spinat mit der Brunnenkresse und der Petersilie 6 Minuten dämpfen, dann abtropfen lassen. Etwas abkühlen lassen, mit den Händen soviel Flüssigkeit wie möglich ausdrücken, dann fein hacken. Die gehackten Kräuter zugeben und die Mischung in einer Pfanne bei schwacher Hitze einige Minuten rühren, damit sie trocken wird.
Den Frischkäse glattrühren und zusammen mit dem Pfeffer zum Spinatpüree geben. Den Topf vom Feuer nehmen und die verquirlten Eier unter die Masse rühren. Zum Schluß das Mehl unterrühren und die Masse glattschlagen. In eine flache Schüssel gießen und abkühlen lassen. Unbedeckt über Nacht in den Kühlschrank stellen. (Die Käsemasse kann auch 2 Tage im Kühlschrank stehen.)
Danach müßte die Masse fest genug geworden sein, um sie zu formen. Ist dies nicht der Fall, so war das Spinatpüree zu feucht. Dann noch ein wenig Mehl unterrühren - nicht zu viel, da sonst die Bällchen zu schwer werden.
Einen großen Topf mit Wasser zum Kochen bringen und aus der Käse-Spinatmasse mit Hilfe von zwei Teelöffeln eiförmige Bällchen formen, die vorsichtig auf einem bemehlten Brett gerollt werden. Jeweils mehrere Bällchen auf einmal in das kochende Wasser geben. Wenn sie auf der Oberfläche schwimmen - nach 4-5 Minuten -, mit einem Schaumlöffel herausheben und auf einem Tuch trocknen lassen. Probieren Sie ein Kräuterbällchen, ob es gar ist. Die restlichen Bällchen garen. Die Kräuterbällchen auf einer Servierschale anrichten und mit Parmesan bestreuen.

GEMÜSERISOTTO

Für 4 Personen:
1 Eßlöffel Olivenöl,
1 mittlere Zwiebel, gehackt,
1 Knoblauchzehe, zerdrückt,
225g Langkorn-Naturreis,
5 Tomaten, geviertelt,
600ml Hühnerbrühe,
frisch gemahlener schwarzer Pfeffer,
feingeriebene Schale von 1/2 Zitrone,
2 Stengel frischer Rosmarin, gehackt, oder 1 Teelöffel getrockneter Rosmarin,
75g Mais, tiefgefroren oder aus der Dose,
75g tiefgefrorene Erbsen,
50g grüne Oliven, in Scheiben geschnitten.
Zum Garnieren:
Zitronenscheiben.

Eine Portion: Energie 285kcal/ 1195kJ, Fett 7g, Ballaststoffe 7g

Das Öl in einem Topf erhitzen und die Zwiebel und den Knoblauch darin 3 Minuten dünsten. Den Reis zufügen und noch 2 Minuten weiterdünsten.
Die Tomaten, die Brühe, den Pfeffer, die geriebene Zitronenschale und den Rosmarin zugeben. Zum Kochen bringen und zugedeckt 15 Minuten leise kochen lassen. Den Mais und die Erbsen zugeben und weitere 10 Minuten kochen, bis der Reis gar ist und die Flüssigkeit aufgesogen hat. Die Oliven unterrühren und mit einigen Zitronenscheiben garnieren.

VOLLKORNPIZZA

Für 6 Personen:
15g frische Hefe oder
1 1/2 Teelöffel Trockenhefe
und 1/2 Teelöffel feiner Zucker,
6-7 Eßlöffel warme fettarme Milch,
225g Vollkornweizenmehl,
frisch gemahlener schwarzer Pfeffer,
25g Margarine.
Belag:
1 mittlere Zwiebel, gehackt,
2 Teelöffel Olivenöl,
50g magerer Schinkenspeck, gewürfelt und gebraten,
450g Spinat,
1 Prise geriebene Muskatnuß,
1/2 Teelöffel Zitronensaft,
225g Tomaten, in Scheiben geschnitten,
50g scharze Oliven, halbiert,
75g Mozzarella, in Scheiben geschnitten,
1/4 Teelöffel getrockneter Oregano.

Eine Portion: Energie 235kcal/ 980kJ, Fett 7g, Ballaststoffe 9g

Die frische Hefe in der warmen Milch auflösen, oder den Zucker in der warmen Milch auflösen und die Trockenhefe darüberstreuen und verrühren. Die Hefemischung 10 Minuten an einem warmen Ort stehenlassen.
Das Mehl mit etwas Pfeffer vermischen und mit den Fingern die Margarine einarbeiten. In die Mitte eine Vertiefung drücken und die Hefemischung hineingießen. Gründlich verrühren, bis sich der Teig von der Schüssel löst. Auf einem leicht bemehlten Brett 5 Minuten kneten, dann den Teig in eine geölte Schüs-

sel legen und zugedeckt an einem warmen Ort 1 Stunde ruhen lassen, bis er sich im Umfang verdoppelt hat.
Inzwischen die Zwiebel im Öl weich dünsten und den gebratenen Schinkenspeck zugeben. Vom Herd nehmen und abkühlen lassen.
Den Spinat gründlich waschen und die Stengel entfernen. 2 Minuten in kochendem, mit Muskat und Zitronensaft gewürzten Wasser blanchieren. Gründlich abtropfen und abkühlen lassen.
Den Teig auf ein leicht bemehltes Brett legen und noch einmal 1 Minute lang durchkneten. Einen Kreis von ca. 28cm Durchmesser ausrollen und auf ein Backblech legen, das mit Pergamentpapier ausgelegt ist. Den Boden mit dem Spinat bestreichen und darauf den Schinkenspeck und die Zwiebeln verteilen. Darauf die Tomatenscheiben und Oliven anordnen und die Pizza mit Käse und Oregano bestreuen.
Im vorgeheizten Backofen bei 200° (Gas Stufe 6) 25 Minuten backen.

NUDELN MIT WALNÜSSEN

Für 4 Personen:
100g kurze Vollkornnudeln,
400g Dosentomaten,
1 Eßlöffel geriebene Zwiebel,
2 Lorbeerblätter,
frisch gemahlener schwarzer Pfeffer,
75g Edamer, gerieben,
100g Walnüsse, gehackt.

Eine Portion: Energie 280kcal/ 1186kJ, Fett 17g, Ballaststoffe 5g

Die Nudeln in reichlich Wasser garen. Inzwischen die Tomaten mit ihrem Saft, der Zwiebel, den Lorbeerblättern und Pfeffer nach Geschmack in einen Topf geben. Zum Kochen bringen und dabei die Tomaten mit einem Löffel quetschen. Solange kochen, bis die Masse dick wird. Die Nudeln gründlich abtropfen lassen. Die Lorbeerblätter aus der Tomatensauce nehmen.
Die Nudeln abwechselnd mit der Tomatensauce, dem Käse und den Walnüssen in eine leicht geölte feuerfeste Form schichten und mit einer Schicht Tomatensauce und Käse enden. Im vorgeheizten Backofen bei 200° (Gas Stufe 6) ca. 25 Minuten backen, bis die Sauce Blasen wirft und die Oberseite goldbraun ist.

FRUCHT-SANDWICH

Menge 1 Sandwich:
2 Scheiben Vollkornbrot (Grahambrot),
1 Eßlöffel Dattelaufstrich,
1 kleine Orange, geschält und in Spalten zerteilt,
1 Teelöffel gehackte Walnüsse.

Eine Portion: Energie 255kcal/ 1070kJ, Fett 7g, Ballaststoffe 9g

Die beiden Brotscheiben mit Dattelaufstrich bestreichen und das Sandwich mit den Orangenspalten und den Walnüssen füllen.

MEERÄSCHE IN FOLIE

Für 2 Personen:
2 rote Meeräschen,
frisch gemahlener schwarzer Pfeffer,
75g Haferflocken,
10g Kleie,
225g Zucchini, in Scheiben geschnitten,
75g Pilze, in dünne Scheiben geschnitten,
1 Koblauchzehe, zerdrückt,
1 Eßlöffel Zitronensaft,
1 Eßlöffel Apfelsaft,
1 Prise getrockneter Fenchel.
Zum Garnieren:
Frisches Fenchelgrün,
Zitronenscheiben.

Eine Portion: Energie 260kcal/ 1080kJ, Fett 7g, Ballaststoffe 7g

Die beiden Meeräschen an der Unterseite aufschlitzen, die Flossen abschneiden und die Fische unter fließendem kalten Wasser ausnehmen und gründlich reinigen. Die Fische ganz lassen. Auf ein Stück Folie legen und mit Pfeffer bestreuen.
Die Haferflocken in einer heißen Pfanne rösten. Mit der Kleie und den restlichen Zutaten vermischen und diese Masse um die beiden Fische herum anordnen. Folie fest verschließen. Im vorgeheizten Ofen bei 190° (Gas Stufe 5) 30 Minuten backen.
Zum Servieren die Folie öffnen. Die Fische mit Fenchelgrün und Zitronenscheiben servieren.

ZUCCHINI MIT MAIS

Für 6 Personen:
8 Zucchini,
1 Eßlöffel Olivenöl,
1 mittlere Zwiebel, gehackt,
200g Gemüsemais aus der Dose, abgetropft,
100g Edamer, gerieben,
50g Walnüsse, gehackt,
frisch gemahlener schwarzer Pfeffer.

Eine Portion: Energie 165kcal/ 700kJ, Fett 11g, Ballaststoffe 7g

Die Zucchini der Länge nach halbieren, das Fleisch herauslösen und fein hacken. Die Schalen in kochendem Wasser 2 Minuten blanchieren, abtropfen lassen. Das Öl in einem Topf erhitzen und die Zwiebel und das Zucchini-Fleisch darin 5 Minuten dünsten, dann die restlichen Zutaten zugeben und gut miteinander vermischen.
Die Zucchini-Schalen mit der Masse füllen und zugedeckt in einer flachen feuerfesten Form im vorgeheizten Ofen bei 190° (Gas Stufe 5) 40 Minuten backen.

TOMATEN MIT PFLAUMEN

Für 4 Personen:
4 große Tomaten,
100g Quark,
2 Teelöffel einfaches, ungesüßtes Joghurt,
10 gekochte Dörrpflaumen, entsteint und gehackt,
frisch gemahlener scharzer Pfeffer,
4 Walnußhälften.

Meeräsche in Folie (S. 94)

Eine Portion: Energie 65kcal/275kJ, Fett 1g, Ballaststoffe 4g

Von den Tomaten einen Deckel abschneiden und aufbewahren. Das Innere der Tomaten mit einem Löffel herauslösen und die Tomaten umgekehrt auf Küchenkrepp legen.
Den Quark mit dem Joghurt glattschlagen, dann die Pflaumenstückchen untermischen. Die Tomaten innen mit Pfeffer bestreuen und mit der Pflaumenmischung füllen. Je eine Walnußhälfte daraufsetzen und mit den ''Deckeln'' verschließen. Leicht gekühlt servieren.

GEFÜLLTE ZWIEBELN

Für 4 Personen:
4 große rote Zwiebeln,
45 Minuten in der Schale gekocht,
1 Selleriestange, kleingewürfelt,
1 mittlerer Kochapfel, geschält, entkernt und kleingewürfelt,
100g frische Vollkornbrösel,
1 Eßlöffel gehackte frische Petersilie,
1 Eßlöffel gehackter frischer Thymian,
1 große Tomate, gehackt,
1 Knoblauchzehe, zerdrückt,
frisch gemahlener schwarzer Pfeffer,
175ml Hühnerbrühe.

Eine Portion: Energie 85kcal/360kJ, Fett 1g, Ballaststoffe 4g

Die Zwiebeln schälen und abkühlen lassen. Den mittleren Teil aushöhlen und feinhacken. Die gehackte Zwiebel mit den restlichen Zutaten - außer der Brühe - vermischen. Diese Mischung in die ausgehöhlten Zwiebeln füllen und die gefüllten Zwiebeln in eine flache feuerfeste Form setzen. Mit der Brühe begießen und im vorgeheizten Ofen bei 160° (Gas Stufe 3) etwa 1 Stunde backen. Die Garzeit hängt von der Größe der Zwiebeln ab.

TRUTHAHN-TOAST

Für 4 Personen:
225g gekochtes Truthahnfleisch, kleingewürfelt,
2 Eßlöffel einfaches, ungesüßtes Joghurt, stabilisiert,
1 Selleriestange, feingehackt,
75g Edamer, gerieben,
1 Eßlöffel rote Paprika, kleingewürfelt,
200g Gemüsemais aus der Dose, abgetropft,
8 Scheiben Vollkornbrot (Grahambrot),
25g zerlassene Margarine.

Eine Portion: Energie 335kcal/1485kJ, Fett 13g, Ballaststoffe 8g

Die Fleischwürfel mit dem Joghurt, dem Sellerie, dem Käse, der Paprika und dem Mais vermischen. Vier Brotscheiben damit belegen und mit je einer Scheibe zudekken.

In die Grillpfanne legen und mit zerlassener Margarine bestreichen. Toasten, bis das Brot gebräunt ist, dann umdrehen und die Unterseite der Sandwiches mit Margarine bestreichen. Weiter grillen, bis die andere Seite der Sandwiches gebräunt ist. Heiß servieren.

Abwandlung:

Statt Truthahnfleisch kann auch gekochtes Hühnerfleisch verwendet werden.

ÜBERBACKENER SPINAT

Für 4 Personen:
225g gehackter Gefrierspinat, aufgetaut und abgetropft,
1 Eßlöffel Zitronensaft,
frisch gemahlener schwarzer Pfeffer,
4 Scheiben magerer Schinkenspeck ohne Schwarte, gegrillt und zerkleinert,
2 Eßlöffel Olivenöl,
175g Pilze, blättrig geschnitten,
2 Eier,
2 Eßlöffel einfaches, ungesüßtes Joghurt, stabilisiert,
75g Edamer, gerieben.

Eine Portion: Energie 225kcal/ 940kJ, Fett 17g, Ballaststoffe 5g

Den Spinat mit dem Zitronensaft und Pfeffer nach Geschmack verrühren. Den Schinkenspeck unterheben. Diese Mischung auf den Boden einer feuerfesten Form streichen.

Das Öl in einer Pfanne erhitzen. Die Pilze hineingeben und dünsten, bis sie gar sind, dann auf der Spinatmasse verteilen. Die Eier leicht mit dem Joghurt und Pfeffer nach Geschmack verquirlen. Den Käse unterrühren und über die Pilze gießen.

Im vorgeheizten Backofen bei 200° (Gas Stufe 6) ca. 25 Minuten backen. Heiß servieren.

PIKANTE BACKÄPFEL

Für 4 Personen:
4 große Kochäpfel,
75g gekochtes Hühnerfleisch, feingehackt,
75g gekochter Langkorn-Naturreis,
25g rote Paprika, kleingewürfelt,
1/2 Teelöffel Koriander,
1 Teelöffel Tomatenmark,
1 Teelöffel gehackter frischer Estragon (nach Belieben),
175ml Hühnerbrühe.

Eine Portion: Energie 130kcal/ 545kJ, Fett 1g, Ballaststoffe 4g

Mit einem scharfen Messer die Kerngehäuse der Äpfel ausstechen und die Löcher noch etwas vergrößern. Das Hühnerfleisch mit dem Reis, der Paprika, dem Koriander, Tomatenmark und Estragon - falls verwendet - vermischen. Diese Masse in die Äpfel füllen. Die Äpfel in einzelne feuerfeste Schälchen setzen und mit etwas Hühnerbrühe begießen. Im Backofen bei 180° (Gas Stufe 4) etwa 40 Minuten backen.

REISGERICHT MIT PILZEN

Für 4 Personen:
3 Eßlöffel Olivenöl,
225g Langkorn-Vollkornreis,
1 mittlere Zwiebel, in Streifen geschnitten,
1 Knoblauchzehe, zerdrückt,
2 Selleriestangen, gehackt,
1 rote Paprika, entkernt und kleingehackt,
1 grüne Paprika, entkernt und kleingehackt,
100g Cashew-Nüsse, gehackt,
175g kleine Champignons, geviertelt,
frisch gemahlener schwarzer Pfeffer.

Eine Portion: Energie 415kcal/ 1735kJ, Fett 22g, Ballaststoffe 6g

1 Eßlöffel Öl in einem großen Topf erhitzen und den Reis darin 2-3 Minuten dünsten. Mit kochendem Wasser bedekken und 45 Minuten kochen, dann abtropfen lassen.

Das restliche Öl in einem großen Topf erhitzen und die Zwiebel darin glasig dünsten. Den Knoblauch, den Sellerie, die Paprika, die Nüsse und Pilze zugeben und alles zusammen 5-7 Minuten schmoren. Den gekochten Reis und den Pfeffer zugeben und unter gelegentlichem Rühren noch einmal erhitzen.

Das Reisgericht mit grünem Salat servieren.

THUNFISCH-AUBERGINEN

Für 4 Personen:
2 große Auberginen,
1 Eßlöffel Olivenöl,
1 mittlere Zwiebel, gehackt,
425g Dosentomaten, abgetropft,
2 Eßlöffel Tomatenmark,
1 Eßlöffel gemischte getrocknete Kräuter,
frisch gemahlener schwarzer Pfeffer,
225g Thunfisch aus der Dose, abgetropft und trockengetupft,
75g Edamer, gerieben.

Eine Portion: Energie 305kcal/ 1275kJ, Fett 23g, Ballaststoffe 4g

Die Auberginen der Länge nach halbieren. Mit einem Messer vorsichtig das Innere herauslösen und grob hacken.

Das Öl in einem Topf erhitzen und die Zwiebel darin braun dünsten. Die Tomaten, das Tomatenmark, den Knoblauch, das Auberginenfleisch, die Kräuter und den Pfeffer zugeben. Zum Kochen bringen, dann ca. 15-20 Minuten bei schwacher Hitze dünsten. Den Thunfisch zerpflücken und in die Masse rühren.

Diese Masse in die ausgehöhlten Auberginenhälften füllen und mit dem geriebenen Käse bestreuen. In eine feuerfeste Form setzen und zugedeckt im vorgeheizten Backofen bei 190° (Gas Stufe 5) 30-35 Minuten backen, bis die Auberginenfüllung goldbraun ist.

Reisgericht mit Pilzen

DICKE BOHNEN MIT EI

Für 4 Personen:
450g tiefgefrorene dicke Bohnen,
3 hartgekochte Eier, in Scheiben geschnitten,
40g Vollkorn-Weizenmehl,
450ml fettarme Milch,
frisch gemahlener schwarzer Pfeffer,
40g Edamer, gerieben,
5 Eßlöffel frische Vollkorn-Brösel.

Eine Portion: Energie 270kcal/ 1125kJ, Fett 15g, Ballaststoffe 3g

Die Bohnen nach der Anweisung auf der Packung garen und gründlich abtropfen lassen.
Die Hälfte der Bohnen in eine feuerfeste Form geben und mit den Eischeiben bedecken. Die restlichen Bohnen darüber verteilen.
Die Margarine in einem Topf zerlassen. Das Mehl hineinrühren und 2 Minuten dünsten, dann nach und nach die Milch hineinrühren. Unter ständigem Rühren zum Kochen bringen und aufwallen lassen, bis die Sauce dick ist. Mit Pfeffer abschmecken.
Die Sauce über die Bohnen gießen. Den Käse mit den Bröseln vermischen und über die Bohnen streuen. Im vorgeheizten Ofen bei 220° (Gas Stufe 7) 15 Minuten überbacken, bis die Oberseite goldbraun ist. Heiß servieren.

NUDELN MIT ANCHOVISSAUCE

Für 6 Personen:
1 Eßlöffel Öl,
1 mittlere Zwiebel, gehackt,
1 Knoblauchzehe, zerdrückt,
50g Anchovis-Filets aus der Dose, abgetropft und kleingehackt,
2 Eßlöffel gehackte frische Petersilie,
1 Eßlöffel gehackter frischer Fenchel,
400g Tomaten aus der Dose,
3 Eßlöffel Sultaninen,
frisch gemahlener schwarzer Pfeffer,
450g Vollkornnudeln.

Eine Portion: Energie 315kcal/ 1320kJ, Fett 5g, Ballaststoffe 9g

Das Öl in einer Pfanne erhitzen. Die Zwiebel und den Knoblauch zufügen und weich dünsten. Die Anchovis, die Petersilie, den Fenchel, die Tomaten mit ihrem Saft, die Sultaninen und Pfeffer nach Geschmack hineinrühren. 20 Minuten leise kochen lassen und zwischendurch die Pfanne gelegentlich leicht schütteln. Inzwischen die Nudeln in kochendem Wasser garen. Gründlich abtropfen lassen und wieder in den Topf geben. Die Anchovis-Sauce zugeben und unter die Nudeln mischen. Heiß servieren.

PIZZABRÖTCHEN

Für 4 Personen:
2 Vollkorn-Muffins, halbiert,
Tomatenmark,
100g Sardinen aus der Dose, abgetropft und trockengetupft,
frisch gemahlener schwarzer Pfeffer,
4 Scheiben Schmelzkäse,
getrockneter Oregano,
8 schwarze Oliven, entsteint.

Eine Portion: Energie 160kcal/ 670kJ, Fett 7g, Ballaststoffe 3g

Die Schnittflächen der Brötchenhälften mit dem Tomatenmark bestreichen. Mit den Sardinen belegen und mit Pfeffer bestreuen. Auf jede "Pizza" eine Scheibe Käse legen und mit Oregano bestreuen. Mit den Oliven garnieren.
Die Pizzabrötchen auf ein Backblech setzen, das mit Pergamentpapier ausgelegt ist. Im vorgeheizten Ofen bei 200° (Gas Stufe 6) 15 Minuten überbacken. Die Brötchen können auch unter den Grill geschoben werden. Sie brauchen dann etwa 10 Minuten. Heiß servieren.

CANNELLONI

Für 4 Personen:
8 Vollkorn-Cannelloni,
2 Dosen Tomaten zu je 400g,
Vollkornbrösel,
50g Edamer, gerieben,
1 Eßlöffel gehackte frische Petersilie,
frisch gemahlener schwarzer Pfeffer,
1 Teelöffel getrockneter Oregano.

Eine Portion: Energie 185kcal/ 775kJ, Fett 4g, Ballaststoffe 8g

Eine Dose Tomaten abtropfen lassen und die Tomaten hacken. Mit den Bröseln, dem Käse, der Petersilie und Pfeffer nach Geschmack vermischen. Die Cannelloni 5 Minuten in viel Wasser kochen, dann auf Küchenkrepp trocknen lassen. Mit der Käsemischung füllen und in einer leicht geölten feuerfesten Form anordnen. Die Tomaten aus der zweiten Dose zerkleinern und mit dem Saft über die Cannelloni gießen. Mit Oregano bestreuen und im vorgeheizten Backofen 30 Minuten bei 180° (Gas Stufe 4) backen.

ÜBERBACKENE BOHNEN

Für 4 Personen:
225g weiße Bohnen, über Nacht in kaltem Wasser eingeweicht,
225g Tomaten, in Scheiben geschnitten,
1 mittlere Zwiebel, gerieben,
2 Teelöffel Tomatenmark,
1 Knoblauchzehe, zerdrückt,
4 Eßlöffel Hühnerbrühe,
2 Eßlöffel trockener Apfelwein,
frisch gemahlener schwarzer Pfeffer.
Zum Bestreuen:
100g Vollkornbrösel.

Eine Portion: Energie 220kcal/ 925kJ, Fett 2g, Ballaststoffe 18g

Die Bohnen abgießen. In einen Topf geben und soviel Wasser einfüllen, daß es 2,5cm übersteht. Zum Kochen bringen und 10 Minuten sprudelnd kochen lassen, dann den Topf zudecken und bei schwacher Hitze etwa 1 Stunde kochen, bis sie gar sind. Das Wasser abgießen.
Die Bohnen abwechselnd mit den Tomaten in eine feuerfeste Form von ca. 1 l Inhalt schichten. Die restlichen Zutaten miteinander vermischen und über die Bohnen gießen. Im vorgeheizten Backofen bei 160° (Gas Stufe 3) 45 Minuten schmoren. Dann die Brösel dick darüberstreuen und die Form im Grill bei mittlerer Hitze überbacken, bis die Oberseite blasig und braun ist.

Gebäck

BANANEN-PLÄTZCHEN

Menge ca. 18 Stück:
225g Weizen-Vollkornmehl,
1 Teelöffel Backpulver,
1 Ei,
2 Teelöffel brauner Zucker,
2 kleine Bananen,
200ml fettarme Milch.

Ein Stück: Energie 55kcal/235kJ, Fett 1g, Ballaststoffe 2g

Das Mehl mit dem Backpulver in eine große Schüssel sieben. Die restlichen Zutaten glattschlagen. In das Mehl eine Mulde drücken und die Masse hineingießen. Mit einem Holzlöffel schlagen, bis ein Teig entsteht, der leicht vom Löffel tropft. Gegebenenfalls noch etwas Milch zugeben.
Eine beschichtete Pfanne auf mittlere Hitze bringen und den Teig löffelweise hineinlaufen lassen. Mit dem Löffelrücken etwas flachdrücken. Wenn die Oberseite Blasen wirft, die Plätzchen mit einem Holzspatel wenden und die andere Seite backen. Heiß servieren.

MAISMEHL-WAFFELN

Menge 8 Waffeln:
100g Weizen-Vollkornmehl,
100g Maismehl,
3 Eßlöffel Backpulver,
2 Eier, getrennt,
300ml fettarme Milch,
2 Eßlöffel Olivenöl.

Ein Stück: Energie 145kcal/615kJ, Fett 6g, Ballaststoffe 1g

Das Weizenmehl mit dem Maismehl und dem Backpulver zusammen in eine Schüssel sieben. Das kräftig geschlagene Eigelb mit der Milch vermischen und in das Mehl rühren. Den Teig solange schlagen, bis er glatt ist. Dann das Öl hineinschlagen und zum Schluß das steifgeschlagene Eiweiß unterheben.
In einem Waffeleisen 8 Waffeln backen.

Möhrenkuchen mit Mandeln (S. 104)

MÖHRENKUCHEN MIT MANDELN

Für 6 Personen:
5 Eier, getrennt,
175g brauner Rohrzucker,
geriebene Schale von 1/2 Orange,
275g Möhren, geschabt und gerieben,
275g gemahlene Mandeln,
100g Weizen-Vollkornmehl,
1 Eßlöffel Weinbrand oder
Orangenlikör (Grand Marnier) oder
Orangensaft.
Belag:
1 Eßlöffel brauner Rohrzucker,
1 Teelöffel Zimt,
25g gehobelte Mandeln.

Eine Portion: Energie 460kcal/1930kJ, Fett 32g, Ballaststoffe 10g

Das Eigelb mit dem Schneebesen schaumig schlagen. Nach und nach den Zukker hineinschlagen, bis die Masse cremig ist. Die geriebene Orangenschale, die Möhren, Mandeln, das Mehl und den Brandy, Likör oder Orangensaft unterrühren. Das Eiweiß steifschlagen und mit einem Metallöffel unter den Teig heben. Den fertigen Teig in eine 18cm breite quadratische Kuchenform gießen, die zuvor mit Pergamentpapier ausgelegt wurde.
Den Rohrzucker mit dem Zimt mischen und über den Kuchen streuen, dann die gehobelten Mandeln darüberstreuen. Auf der mittleren Schiene im vorgeheizten Backofen bei 190° (Gas Stufe 5) 1 Stunde backen, bis sich der Teig elastisch anfühlt und ein heißer Spieß, mit dem man in den Kuchen sticht, sauber wieder herauskommt.
Den Kuchen etwa 15 Minuten in der Form abkühlen lassen, dann auf ein Kuchengitter stürzen und auskühlen lassen. Wenn man ihn länger als 3 Tage aufbewahren will, sollte man den Kuchen in einem luftdicht verschlossenen Behälter in den Kühlschrank stellen.
Abwandlung:
Man kann eine sparsamere Ausführung wählen, indem man nur 100g geriebene Mandeln und stattdessen 275g Mehl und 350g Möhren nimmt. Dem Likör oder Orangensaft werden dann 2 Tropfen Mandelessenz zugefügt. Sonstige Zubereitung wie oben beschrieben.

MÖHREN-KÜCHLEIN

Menge 24 Küchlein:
200g Weizen-Vollkornmehl,
2 Teelöffel Backpulver,
6 Eßlöffel einfaches, ungesüßtes Joghurt,
1 Eßlöffel Melasse,
2 Eier,
50g Möhren, gerieben.

Ein Stück: Energie 75kcal/305kJ, Fett 1g, Ballaststoffe 2g

Das Mehl mit dem Backpulver in eine große Schüssel sieben. Die restlichen Zutaten gründlich verrühren, dann das Mehl einarbeiten. Den Teig gleichmäßig in beschichtete Förmchen mit 6cm Durchmesser füllen. Im vorgeheizten Backofen bei 190° (Gas Stufe 5) 15-20 Minuten backen. Die Küchlein heiß servieren.
Falls gewünscht, aufschneiden und mit Dattelmus bestreichen.

VOLLKORNBROT

Menge 4 Brote:
1,5kg Vollkornweizenmehl,
25g Kleie,
25g Margarine,
25g Frischhefe,
1 Teelöffel brauner Zucker,
900ml warmes Wasser,
2 Eßlöffel Malzextrakt.
Zum Bestreichen:
Fettarme Milch,
2 Eßlöffel Weizenschrot.

Je Brot: Energie 1295kcal/5435kJ, Fett 13g, Ballaststoffe 39g

Das Mehl mit der Kleie in einer Schüssel vermischen und die Margarine einarbeiten. Die Hefe mit dem Zucker und 3 Eßlöffeln warmem Wasser verrühren. Zusammen mit dem restlichen Wasser und dem Malzextrakt zum Mehl geben und zu einem glatten Teig verarbeiten. Solange schlagen und kneten, bis sich der Teig von der Schüssel löst.
Den Teig auf eine bemehlte Arbeitsfläche legen und noch 8 Minuten kneten, bis er glatt und geschmeidig ist. In eine leicht geölte Schüssel legen, mit einem feuchten Tuch bedecken und an einem warmen Ort gehenlassen, bis er sich im Umfang verdoppelt hat.
Noch einmal auf einer bemehlten Arbeitsfläche durchkneten (ca. 2 Minuten), dann in vier Stücke teilen. Zu ovalen Laiben formen und in vier einzelne, leicht geölte Kastenformen mit je 450g Inhalt legen. Zugedeckt an einem warmen Ort nochmal gehenlassen, bis der Teig bis zum Rand der Formen aufgegangen ist. Mit der Milch bestreichen und mit Weizenschrot bestreuen. Im vorgeheizten Ofen bei 230° (Gas Stufe 8) 10 Minuten backen, dann die Hitze auf 190° herunterschalten (Gas Stufe 5) und noch 30 Minuten backen. Auf einem Gitterrost abkühlen.

KASTANIENBROT

Menge 1 Brot:
225g Vollkorn-Weizenmehl,
2 1/2 Teelöffel Backpulver,
2 Eßlöffel Schnellkaffee-Pulver,
50g Margarine,
40g feiner Zucker,
100g ungesüßte ganze Eßkastanien aus der Dose, abgetropft und gehackt,
50g Datteln, entsteint und gehackt,
1 Ei, verquirlt,
150ml fettarme Milch.

1 Brot: Energie 1675kcal/7045kJ, Fett 53g, Ballaststoffe 33g

Das Mehl mit dem Backpulver und Kaffeepulver in eine Schüssel sieben und im Sieb verbliebene Kleie zugeben. Die Margarine einarbeiten und den Zucker untermischen. Die Kastanien- und Dattelstückchen untermischen. Dann in die Mitte eine Mulde drücken und das Ei und die Milch hineingießen. Alle Zutaten zu einem glatten Teig verarbeiten. In eine gefettete Kastenform von 450g Inhalt geben.
In einem vorgeheizten Backofen bei 180° (Gas Stufe 4) 45 Minuten backen. 10 Minuten in der Form abkühlen lassen, dann auf einen Gitterrost legen, bis das Brot abgekühlt ist.

FRÜCHTEBROT

Menge 1 Brot:
150g Kleieflocken,
275g Sultaninen und Rosinen, gemischt,
300ml fettarme Milch oder Buttermilch,
150g Vollkorn-Weizenmehl,
1 Eßlöffel Backpulver,
1 Prise gemahlenes Mischgewürz,
geriebene Schale von 1/2 Orange (nach Belieben),
1 Ei, geschlagen.

1 Brot: Energie 1750kcal/7340kJ, Fett 17g, Ballaststoffe 74g

Die Kleieflocken mit den Sultaninen und Rosinen und der Milch in eine große Rührschüssel geben, mit einem Teller zudecken und über Nacht stehenlassen. Am nächsten Tag das Mehl, das Backpulver und Gewürz in die Schüssel sieben und die im Sieb verbliebene Kleie zugeben. Die Orangenschale - falls verwendet - zugeben. In die Mitte eine Mulde drücken, das Ei zugeben und alles zu einem Teig verarbeiten.
Den Teig in eine Kastenform von 1kg Inhalt geben, die mit Pergamentpapier ausgelegt wurde. Im vorgeheizten Backofen bei 180° (Gas Stufe 4) 1 Stunde backen. Mit einem Spieß prüfen, ob es durchgebacken ist: Wenn man ihn herauszieht, muß er sauber sein. Das Brot mit einem breiten Messer aus der Form lösen und auf einem Gitterrost abkühlen lassen.

TEEKUCHEN

Menge 1 Kuchen:
200g Hüttenkäse, durch ein Sieb gedrückt,
100g brauner Zucker,
3 Eier, geschlagen,
75g Walnüsse, gehackt,
50g gehacktes Zitronat und Orangeat, gemischt (nach Belieben),
200g Weizen-Vollkornmehl,
3 Teelöffel Backpulver.

1 Kuchen: Energie 1810kcal/7610kJ, Fett 65g, Ballaststoffe 23g

Eine Kastenform mit 600g Inhalt mit Pergamentpapier auslegen. Den Hüttenkäse mit dem Zucker schaumig rühren und die Eier hineinschlagen. Die Walnüsse und das Zitronat und Orangeat, falls verwendet, unterrühren. Mehl und Backpulver durchsieben und unter die Masse heben. In eine vorbereitete Form füllen. Im vorgeheizten Backofen bei 180° (Gas Stufe 4) 1 Stunde backen, bis der Teig gut aufgegangen und goldbraun ist. 5 Minuten in der Form lassen, dann auf einen Gitterrost stürzen.
In Scheiben geschnitten servieren.

HÜTTENKÄSE-PLÄTZCHEN

Menge 10-12 Plätzchen:
25g Margarine, zerlassen,
100g Hüttenkäse,
2 Eier, geschlagen,
50g Weizen-Vollkornmehl,
1 Eßlöffel fettarme Milch.

Ein Stück: Energie 49kcal/1210kJ, Fett 3g, Ballaststoffe 0,4g

Hüttenkäse-Plätzchen

Die Margarine zusammen mit dem Hüttenkäse in eine Schüssel geben und gründlich miteinander verrühren. Die Eier hineinschlagen, dann das Mehl und die Milch zugeben und zu einem dicken, weichen Teig schlagen.
Eine beschichtete, schwere Pfanne stark erhitzen und den Teig löffelweise hineingeben. 1 Minute backen, bis die Masse gestockt ist, dann wenden und die andere Seite 1 Minute backen. Mehrmals wenden, bis die Plätzchen goldbraun gebakken sind.
Die Plätzchen auf ein Kuchengitter legen und mit einem sauberen Tuch bedekken, bis alle Plätzchen fertig sind. Heiß servieren, dazu Dattelmus reichen.

SCONES

Menge 16-18 Scones:
225g Weizen-Vollkornmehl,
3 1/2 Teelöffel Backpulver,
25g Margarine,
1 Eßlöffel feiner Zucker,
150ml einfaches, ungesüßtes Joghurt.

Ein Stück: Energie 60kcal/260kJ, Fett 2g, Ballaststoffe 1g

Das Mehl mit dem Backpulver in eine Schüssel sieben. Die Margarine einarbeiten, dann den Zucker zugeben. Mit dem Joghurt zu einem weichen, aber nicht klebrigen Teig verarbeiten.
Den Teig auf einer bemehlten Arbeitsfläche etwa 4cm dick ausrollen und 5cm breite Kreise ausstechen. Diese auf ein mit Pergamentpapier belegtes Backblech setzen.
Im vorgeheizten Ofen bei starker Hitze (230°, Gas Stufe 8) 8-10 Minuten backen, bis sie gut aufgegangen und goldbraun sind. Auf einem Gitterrost abkühlen lassen und noch warm servieren.

Abwandlungen:
Gewürz-Scones: Das vorstehende Rezept ausführen, doch mit dem Mehl 3/4 Teelöffel gemahlenes gemischtes Backgewürz durchsieben und den Zucker durch 1 Eßlöffel Zuckerrübensirup ersetzen, der zusammen mit dem Joghurt zum Teig gegeben wird.

Ein Stück: Energie 60kcal/260kJ, Fett 2g, Ballaststoffe 1g

Honig-Nuß-Scones: Das vorstehende Rezept befolgen, doch nur 2 Teelöffel Backpulver verwenden. Mit dem Zucker 25g gehackte Walnüsse zum Teig geben. Die trockenen Zutaten mit 2-3 Eßlöffel Joghurt, 1 verquirlten Ei und 1 Eßlöffel dünnflüssigem Honig vermischen.

Ein Stück: Energie 70kcal/300kJ, Fett 3g, Ballaststoffe 1g

Dattel-Scones: Das vorstehende Rezept befolgen, doch nur 2 Teelöffel Backpulver verwenden und zusammen mit dem Joghurt ein geschlagenes Ei zum Teig geben. 175g entsteinte und gehackte Datteln unter den Teig geben.

Eine Portion bei 6 Personen: Energie 90kcal/380kJ, Fett 2g, Ballaststoffe 2g

FEIGENBROT

Menge 1 Brot:
100g Kleieflocken,
75g brauner Zucker,
100g getrocknete Feigen, gehackt,
2 Teelöffel Zuckerrübensirup,
300ml fettarme Milch,
100g Vollkorn-Weizenmehl,
2 Teelöffel Backpulver.

Je Brot: Energie 1230kcal/5175kJ, Fett 8g, Ballaststoffe 55g

Die Kleieflocken mit dem Zucker, den Feigen, dem Sirup und der fettarmen Milch in eine Schüssel geben. Alles gut miteinander verrühren und 30 Minuten stehenlassen. Dann Mehl und Backpulver zugeben und zu einem Teig verkneten. Eine Kastenform von 450g Inhalt mit Pergamentpapier auslegen und den Teig hineingeben. Im vorgeheizten Backofen bei 180° (Gas Stufe 4) 45-60 Minuten backen. Aus der Form stürzen und auf einem Gitterrost abkühlen lassen.

AVOCADO-BROT

Menge 1 Brot:
50g Margarine,
50g brauner Zucker,
200g Weizen-Vollkornmehl,
1 Teelöffel Backpulver,
1 Teelöffel Natron,
1/2 Teelöffel geriebene Muskatnuß,
1/2 Teelöffel Zimtpulver,
2 Eier,
100ml Buttermilch,
225g Avocado, entsteint und geschält (ca. 175g Fruchtfleisch),
25g Paranüsse, gehackt,
1 Teelöffel geriebene Zitronenschale.

1 Brot: Energie 1915kcal/8035kJ, Fett 110g, Ballaststoffe 25g

Eine Kastenform mit 450g Inhalt mit Pergamentpapier auslegen.
Die Margarine schaumig rühren und den Zucker hineinschlagen. Das Mehl mit dem Backpulver und dem Natron sowie den Gewürzen in eine Schüssel sieben. Die Eier mit der Buttermilch und dem Avocadofleisch zu einer glatten Masse schlagen. Die Mehlmischung abwechselnd mit der Avocadomasse in die schaumig geschlagene Margarine geben und nach jeder Zugabe kräftig schlagen. Dann die Nüsse und die Zitronenschale unterrühren. Den Teig in die vorbereitete Kastenform füllen und im vorgeheizten Backofen bei 160° (Gas Stufe 3) etwa 1 Stunde backen. In der Form etwa 5 Minuten abkühlen lassen, dann auf einen Gitterrost legen und ganz abkühlen lassen.
Dieses Brot paßt gut zu verschiedenen Salaten.

HAFERKUCHEN

Menge 12 Kuchen:
100g Weizen-Vollkornmehl, gesiebt,
1 Teelöffel Backpulver,
100g Haferflocken,
50g Margarine,
1 Eßlöffel klarer Honig,
120ml starker schwarzer Kaffee,
120ml fettarme Milch,
100g blanchierte Mandeln, gehackt.

Ein Stück: Energie 145kcal/605kJ, Fett 9g, Ballaststoffe 3g

Das Mehl und die Haferflocken in einer Schüssel vermischen. Die Margarine mit dem Honig und dem Kaffee in einem kleinen Topf zerlassen und die Milch einrühren. Erhitzen, aber nicht aufkochen lassen. Diese Flüssigkeit zusammen mit den gehackten Mandeln zur Mehlmischung geben und gründlich verrühren. Den Teig in leicht eingefettete Förmchen geben.
Im vorgeheizten Backofen bei 200° (Gas Stufe 6) 30 Minuten backen. 5 Minuten in den Förmchen stehenlassen, dann auf einem Gitterrost abkühlen lassen.
Diese Kuchen können warm oder kalt gegessen werden.

ERDNUSSBUTTER-KEKSE

Menge 16-20 Kekse:
75g Erdnußbutter,
25g Margarine,
geriebene Schale von 1/2 Orange,
40g feiner Zucker,
40g brauner Zucker,
1/2 Ei, verquirlt,
40g Rosinen oder Sultaninen, gehackt,
100g Weizen-Vollkornmehl,
1 Teelöffel Backpulver.

Ein Keks: Energie 80kcal/330kJ, Fett 4g, Ballaststoffe 1g

Die Erdnußbutter mit der Margarine, der Orangenschale und dem weißen und braunen Zucker in eine Schüssel geben und schaumig schlagen. Das Ei hineinschlagen, dann die Rosinen oder Sultaninen zugeben und zu einem ziemlich festen Teig schlagen. Zu Kugeln von etwa Walnußgröße rollen und nicht zu dicht auf ein ungefettetes Backblech legen. Die Teigkugeln mit der Gabel oder einem breiten Messer etwas flachdrücken und mit einem Gittermuster verzieren.
Im vorgeheizten Backofen etwa 25 Minuten bei 180° (Gas Stufe 4) backen, bis die Kekse gut aufgegangen und goldbraun sind. Auf einen Gitterrost legen und abkühlen lassen. In einem luftdicht verschlossenen Behälter aufbewahren.

KNUSPRIGE FRÜCHTEKEKSE

Menge 16 Kekse:
100g Margarine,
75g brauner Zucker,
2 Eßlöffel geriebene Zitronenschale,
175g Haferflocken,
50g Weizen-Vollkornmehl,
1 Teelöffel Backpulver,
100g Datteln, entsteint und gehackt,
1 Eßlöffel Zitronensaft,
225g Tafeläpfel, entkernt und feingehackt oder grob geraspelt.

Ein Stück: Energie 145kcal/605kJ, Fett 6g, Ballaststoffe 2g

Das Fett mit dem Zucker, dem Sirup und der geriebenen Zitronenschale in einem Topf über schwacher Hitze zerlassen. Gut rühren und nicht aufkochen lassen. Beiseitestellen. Die Haferflocken, das Mehl und das Backpulver vermischen. Die abgekühlte Margarine-Zuckermasse hineingeben und gründlich verrühren.
Die Hälfte des Teigs in eine quadratische, 18cm breite Form geben, die mit Pergamentpapier ausgelegt ist. Gleichmäßig verstreichen und mit einem Holzlöffel andrücken. Die gehackten Datteln und Äpfel mit dem Zitronensaft vermischen und auf dem Teig verteilen. Den restlichen Teig darüber verteilen und fest andrücken.
Im vorgeheizten Backofen bei 180° (Gas Stufe 4) 20-30 Minuten backen, bis der Teig fest und goldgelb ist. Aus dem Ofen nehmen und in 16 gleich große Stücke schneiden.
Abkühlen lassen, dann aus der Form heben und auf einem Gitterrost auskühlen lassen. In einem luftdicht verschlossenen Behälter aufbewahren.

Feigenbrot (S. 108)

KARTOFFEL-KUCHEN

Für 4-6 Personen:
750g mehlige Kartoffeln, geschält,
50g Margarine,
etwa 4 Eßlöffel Weizen-Vollkornmehl,
1/2 Teelöffel Backpulver,
3 Tafeläpfel, geschält, entkernt und kleingehackt.

Eine Portion bei 4 Personen:
Energie 335kcal/1480kJ, Fett 11g, Ballaststoffe 7g
Eine Portion bei 6 Personen:
Energie 235kcal/990kJ, Fett 7g, Ballaststoffe 4g

Die Kartoffeln in Wasser garen. Abtropfen lassen und mit einem Küchentuch bedecken, bis sie trocken, aber noch sehr heiß sind. Durch ein Sieb drücken und 450g abwiegen.
Die Kartoffelmasse in eine vorgewärmte Rührschüssel geben und das Fett hineinschlagen. Soviel Mehl zugeben, daß man den Teig weiterverarbeiten kann.
Den Teig halbieren und zu gleich großen runden Stücken von 1cm Stärke ausrollen oder klopfen. Einen Boden auf eine warme, beschichtete Pfanne setzen und mit den gehackten Äpfeln belegen. Den anderen Teigboden darüberlegen und die Ränder rundherum andrücken.
Auf der Pfanne bei mittlerer Hitze backen, bis der Kuchen auf der Unterseite braun ist. Von der Pfanne in den leicht geölten Boden einer Springform gleiten lassen und den Kuchen umgekehrt wieder in die Pfanne geben und die andere Seite backen. Den Kuchen auf eine heiße Platte gleiten lassen, die Oberseite zur Hälfte umklappen und die Äpfel mit Zucker bestreuen. Dann die andere Hälfte mit Zucker bestreuen und den Kuchen sofort servieren.
Wenn Sie keine geeignete Pfanne haben, kann der Kuchen im vorgeheizten Backofen bei 200° (Gas Stufe 6) ca. 30 Minuten gebacken werden, ohne ihn zu wenden.

HAFERKEKSE MIT NÜSSEN

Menge ca. 48 Kekse:
225g Weizen-Vollkornmehl,
75g mittelgrobes Hafermehl,
75g Weizenkleie,
75g gemahlene Haselnüsse,
50g brauner Zucker,
100g Margarine,
ca. 150ml Wasser.

Ein Keks: Energie 50kcal/215kJ, Fett 3g, Ballaststoffe 1g

Die Mehlsorten mit der Kleie, den gemahlenen Haselnüssen und dem Zucker vermischen und die Margarine einarbeiten. Soviel Wasser zufügen, daß ein fester Teig entsteht.
Den Teig 1cm dick ausrollen und Kreise von 6cm Durchmesser ausstechen. Auf Backbleche setzen, die mit Pergamentpapier belegt sind. Im vorgeheizten Backofen bei 180° (Gas Stufe 4) 25 Minuten backen. Auf einem Gitterrost abkühlen.

MÖHRENKUCHEN

Für 6 Personen:
225g Weizen-Vollkornmehl,
1 Prise gemahlenes Piment,
1 Teelöffel Natron,
1/2 Teelöffel Weinstein,
225g Möhren, geschabt und gerieben,
100g ungesalzene Erdnüsse, gehackt,
1 Eßlöffel heller Sirup,
3 Eier,
175g Maiskeimöl.

Eine Portion: Energie 515kcal/ 2170kJ, Fett 40g, Ballaststoffe 6g

Eine Kastenform mit 1kg Inhalt mit Pergamentpapier auslegen. Das Mehl mit dem Piment, dem Natron und dem Weinstein in eine Rührschüssel sieben. Die geriebenen Möhren und 75g gehackte Erdnüsse untermischen.
Den Sirup mit den Eiern und dem Öl verschlagen und mit dem Mehl zu einem weichen Teig verrühren. Den Teig in die vorbereitete Kastenform füllen und mit den restlichen Erdnüssen bestreuen.
Im vorgeheizten Backofen bei 180° (Gas Stufe 4) 1 1/2 Stunden backen, bis der Kuchen gut aufgegangen ist und sich von den Wänden der Kuchenform gelöst hat. In der Form 10 Minuten stehenlassen, dann auf ein Kuchengitter setzen, bis der Kuchen ganz ausgekühlt ist. Vor dem Verbrauch 24 Stunden stehenlassen, da er sich ganz frisch schwer schneiden läßt.

ZWIEBEL-PLÄTZCHEN

Menge ca. 24 Plätzchen:
225g Weizen-Vollkornmehl,
frisch gemahlener schwarzer Pfeffer,
100g Margarine,
1 mittlere Zwiebel, fein gerieben,
1 Ei, verquirlt,
verquirltes Ei zum Bestreichen,
Mohnkörner (nach Belieben).

Ein Plätzchen: Energie 64kcal/ 275kJ, Fett 4g, Ballaststoffe 1g

Das Mehl mit dem Pfeffer in eine Schüssel sieben und die Margarine mit den Fingern einarbeiten. Die Zwiebel und das verquirlte Ei zugeben und zu einem festen Teig verarbeiten. Gegebenenfalls etwas Wasser zugeben. Den Teig ausrollen und in 5cm breite Quadrate schneiden. Auf Backbleche setzen, die mit Pergamentpapier ausgelegt sind, und mit verquirltem Ei bestreichen. Nach Belieben mit Mohnkörnern bestreuen.
Im vorgeheizten Ofen bei 200° (Gas Stufe 6) 15-20 Minuten backen. Die Plätzchen warm oder kalt servieren.

NUSSHÖRNCHEN MIT SULTANINEN

Menge 24 Hörnchen:
100g Weizen-Vollkornmehl,
100g Margarine,
100g Quark oder fettarmer Frischkäse.
Füllung:
40g Sultaninen,
2 Teelöffel feiner Zucker,
25g Haselnüsse, gehackt,
1/4 Teelöffel Zimt (nach Belieben).
Belag:
100ml fettarme Milch,
25g Haselnüsse, feingehackt.

Ein Stück: Energie 55kcal/240kJ, Fett 4g, Ballaststoffe 1g

Das Mehl in eine Schüssel sieben und die Margarine einarbeiten. Den Quark oder Frischkäse zugeben und zu einem Teig verarbeiten. Kaltstellen.
Den Teig ausrollen und in kleine Dreiekke schneiden. Die Zutaten für die Füllung vermischen und je einen kleinen Teelöffel voll in die Mitte jedes Teigdreiecks legen. Die Dreiecke von der langen Seite her aufrollen. Die Kanten mit etwas Milch bestreichen, andrücken und die Hörnchen mit den gehackten Nüssen und Zimt bestreuen. Auf ein mit Pergamentpapier belegtes Backblech legen und dabei zu Hörnchen formen.
Im vorgeheizten Backofen 15 Minuten bei 200° (Gas Stufe 5) backen.

MAISMEHL-BAISERS

Menge 12 Baisers:
50g Maismehl,
350ml kaltes Wasser,
4 Eiweiß.

Ein Stück: Energie 17kcal/70kJ, Fett geringfügig, Ballaststoffe geringfügig.

Das Maismehl in einem Topf mit dem Wasser verrühren und unter ständigem Rühren 3 Minuten kochen. Das Eiweiß sehr steif schlagen und unter die Flüssigkeit heben. Diese Masse löffelweise auf mit Pergamentpapier belegte Backbleche setzen. Im vorgeheizten Ofen bei schwacher Hitze (140°, Gas Stufe 1) etwa 1 1/2 Stunden backen, bis die Baisers trocken geworden sind und leicht mit einem Messer vom Papier gelöst werden können.
Die Baisers noch warm zu Bohnensuppe reichen.

KRÄUTERKEKSE

Menge ca. 20 Kekse:
50g Weizen-Vollkornmehl,
25g Margarine,
1 Prise Cayennepfeffer,
50g Edamer, gerieben,
1/2 Teelöffel Kümmel oder getrocknete Dillkörner,
1/2 Teelöffel Dijon-Senf,
1 Eigelb,
1 Eßlöffel Eiswasser.

Ein Keks: Energie 25kcal/115kJ, Fett 2g, Ballaststoffe geringfügig

Nußhörnchen mit Sultaninen

Das Mehl in eine Schüssel sieben und die kleingeschnittene Margarine einarbeiten. Den Cayennepfeffer zugeben und den geriebenen Käse mit einem Messer untermischen. (Dies kann auch in einem Mixer geschehen.) Den Kümmel oder die Dillkörner unterrühren. Den Senf in das leicht verquirlte Eigelb rühren und in den Teig einarbeiten. Soviel Eiswasser zugeben, daß ein weicher, aber fester Teig entsteht.

Den Teig lose in Haftfolie packen und etwa 1 Stunde kaltstellen. Dann auf einem bemehlten Brett etwa 3mm dick ausrollen und kleine Kreise ausstechen. Die Plätzchen auf ein mit Pergamentpapier belegtes Backblech legen und 7 Minuten bei mittlerer Hitze (200°, Gas Stufe 6) backen, bis sie aufgegangen sind und eine goldbraune Farbe angenommen haben. Sofort servieren. Die Plätzchen passen gut zu einer kräftigen Suppe.

BANANENKUCHEN MIT NÜSSEN

Menge 1 Kuchen:
200g Vollkorn-Weizenmehl,
1 Teelöffel Backpulver,
50g Margarine,
50g brauner Zucker,
1 Ei,
5 Eßlöffel fettarme Milch,
2 große reife Bananen, in Stücke geschnitten,
25g Walnüsse, gehackt.

1 Kuchen: Energie 1530kcal/6425kJ, Fett 65g, Ballaststoffe 25g

Eine Kastenform mit 450g Inhalt mit Pergamentpapier auslegen.
Das Mehl mit dem Backpulver in eine große Schüssel sieben. Die Margarine einarbeiten und den Zucker zugeben. Das Ei mit der Milch und den Bananenscheiben verschlagen und gründlich mit den trockenen Zutaten vermischen. Die Nüsse unterheben. Den Teig in die vorbereitete Kastenform füllen. Im vorgeheizten Backofen bei 180° (Gas Stufe 4) ca. 1 Stunde backen. 5 Minuten in der Form abkühlen lassen, dann auf einen Gitterrost legen und ganz abkühlen lassen.

SCHWEIZER MÖHRENKUCHEN

Für 6 Personen:
3 Eier, getrennt,
100g feiner Zucker,
120g geschabte und geriebene Möhren,
120g Haselnüsse, sehr fein gehackt,
2 Teelöffel feingeriebene Zitronenschale,
50g Weizen-Vollkornmehl,
1/2 Teelöffel Backpulver.

Eine Portion: Energie 320kcal/1340kJ, Fett 16g, Ballaststoffe 4g

Eine 18cm breite quadratische Kuchenform mit Pergamentpapier auslegen.
Das Eigelb mit dem Zucker schaumig schlagen. Die geriebenen Möhren, Haselnüsse und Zitronenschale hineinrühren. Das Mehl mit dem Backpulver darübersieben und unterheben. Das Eiweiß steifschlagen und vorsichtig unter den Teig heben. In die Kuchenform füllen und im vorgeheizten Backofen bei 180° (Gas Stufe 4) 40-45 Minuten backen. 2-3 Minuten in der Form stehenlassen, dann auf einen Gitterrost stürzen und abkühlen lassen.

Gefüllte Pfirsiche (S. 127)

FRÜCHTEBROT MIT KAFFEE

Menge 1 Brot:
350g Vollkorn-Weizenmehl,
1 Eßlöffel Backpulver,
50g feiner Zucker,
1 Eßlöffel Schnellkaffee-Pulver,
1 Ei, geschlagen,
300ml fettarme Milch,
2 Tafeläpfel, entkernt und kleingehackt,
100g Datteln, entsteint und gehackt.

1 Brot: Energie 1830kcal/7680kJ, Fett 13g, Ballaststoffe 45g

Das Mehl mit dem Backpulver, dem Zucker und dem Kaffeepulver vermischen. Das Ei mit der Milch verschlagen und zusammen mit den Apfel- und Dattelstückchen zum Mehl geben. Alles gründlich verrühren und in eine mit Pergamentpapier ausgelegte Kastenform von 450g Inhalt geben.
Im vorgeheizten Backofen bei 180° (Gas Stufe 4) etwa 1 Stunde backen. Wenn man ein Messer in die Mitte steckt und wieder herauszieht, muß es sauber bleiben. In der Form abkühlen lassen.

KÄSEGEBÄCK MIT MANDELN

Menge ca. 24 Kekse:
75g Weizen-Vollkornmehl,
1/2 Teelöffel Paprika,
frisch gemahlener schwarzer Pfeffer,
40g Margarine,
40g geriebene Mandeln,
10g geriebener Parmesan,
1 Eigelb.

Ein Stück: Energie 40kcal/170kJ, Fett 3g, Ballaststoffe 1g

Das Mehl mit dem Paprikapulver und dem Pfeffer in eine Rührschüssel sieben. Die Margarine hineingeben, in Stücke schneiden und in das Mehl einarbeiten, bis eine krümelige Masse entsteht. Die geriebenen Mandeln und den Parmesan untermischen. Das Eigelb hineinrühren und zu einem weichen Teig verarbeiten. Gegebenenfalls noch ein wenig Wasser zugeben.
Den Teig 5mm dick ausrollen. Kreise von 5cm Durchmesser ausstechen und auf ein mit Pergamentpapier belegtes Backblech legen. Im vorgeheizten Backofen bei 180° (Gas Stufe 4) 40 Minuten backen, bis die Kekse goldbraun sind. Aus dem Ofen nehmen und etwas abkühlen lassen, bevor man sie vom Backblech hebt. Warm oder kalt servieren.

Desserts

GEBACKENER ROSINENPUDDING

Für 4 Personen:
4-6 Scheiben Vollkornbrot (Grahambrot),
50g Margarine,
100g Rosinen,
25g gehacktes Orangeat und Zitronat, gemischt,
1 Teelöffel geriebene Orangenschale,
3-4 Eßlöffel brauner Zucker,
2 Eier,
500ml fettarme Milch,
1/2 Teelöffel Mischgewürz oder Zimt.

Eine Portion: Energie 325kcal/ 1365kJ, Fett 14g, Ballaststoffe 5g

Die Brotscheiben mit der Margarine bestreichen und in Streifen schneiden. Mit der bestrichenen Seite nach oben in eine feuerfeste Form von 1,2 l Inhalt schichten und jede Schicht mit Rosinen, Orangeat und Zitronat, Orangenschale und Zucker bestreuen. Die Eier mit der Milch verquirlen und über das Brot gießen. 15 Minuten ziehen lassen. Dann mit dem Backgewürz und dem restlichen Zucker bestreuen. Im vorgeheizten Backofen bei 180° (Gas Stufe 4) 35-40 Minuten backen, bis die Masse fest und leicht gebräunt ist. Den Pudding heiß servieren.

HIMBEEREN MIT JOGHURTSCHAUM

Für 4 Personen:
450g Himbeeren,
2 Eßlöffel Grand Marnier oder anderer Likör,
2 Eiweiß,
150ml einfaches, ungesüßtes Joghurt,
geriebene Schale von 1/2 Zitrone,
1 Eßlöffel feiner Zucker.
Zum Garnieren:
25g gehobelte Mandeln, geröstet.

Eine Portion: Energie 125kcal/ 515kJ, Fett 4g, Ballaststoffe 9g

Die Himbeeren auf vier Gläser verteilen und mit dem Likör beträufeln.
Kurz vor dem Servieren das Eiweiß steifschlagen und vorsichtig das Joghurt mit dem Zucker und der geriebenen Zitronenschale unterziehen. Über die Himbeeren geben und mit den gehobelten Mandeln bestreuen.

BANANE SURPRISE

Für 4 Personen:
4 mittlere Bananen,
100g Himbeeren.

Eine Portion: Energie 65kcal/275kJ, Fett geringfügig, Ballaststoffe 4g

Die Bananen in der Schale etwa 3 Stunden einfrieren. Dann schälen und zusammen mit den Himbeeren in einzelne Schälchen geben. Die Bananen schmekken wie Eiskrem!

BANANEN MIT KASTANIENSAUCE

Für 6 Personen:
6 große Bananen.
Sauce:
225g ungesüßtes Eßkastanienpüree,
2 Eßlöffel ungesüßter Orangensaft,
geriebene Schale von 1 Orange,
1 Eßlöffel Zitronensaft,
50g brauner Zucker,
1 Teelöffel Grand Marnier (nach Belieben).

Eine Portion: Energie 180kcal/750kJ, Fett 1g, Ballaststoffe 6g

Die ungeschälten Bananen auf ein Backblech legen und im vorgeheizten Backofen bei 180° (Gas Stufe 4) etwa 20 Minuten backen, bis die Schalen schwarz geworden sind. Die Schalen entfernen und die Bananen vorsichtig in eine flache Schale legen. Die Sauce getrennt servieren oder über die Bananen gießen. Die Zutaten für die Sauce im Wasserbad langsam erhitzen.

KASTANIEN-CREME

Für 6 Personen:
450g Eßkastanien, enthäutet
200ml fettarme Milch,
ein paar Tropfen Vanille-Extrakt,
feingeriebene Schale von 1 kleinen Orange,
2-3 Eßlöffel Orangensaft,
2 Eßlöffel Rum,
75g brauner Zucker,
2 Eiweiß.
Zum Garnieren:
Orangenscheiben.

Eine Portion: Energie 205kcal/855kJ, Fett 2g, Ballaststoffe 5g

Wenn frische Eßkastanien nicht erhältlich sind, nehmen Sie eine Dose ungesüßtes Kastanienpüree von 450g.
Die Kastanien in einen Topf geben und die Milch und den Vanille-Extrakt zugeben. Zudecken und bei schwacher Hitze etwa 15 Minuten dünsten, bis die Kastanien weich sind und die ganze Milch aufgesogen haben. Zwischendurch mehrmals umrühren.
Die Kastanien durch ein Sieb drücken, dann die Orangenschale und den Orangensaft, den Rum und den Zucker hineinrühren. Das Eiweiß gerade eben steifschlagen und unter die Kastanienmasse heben. In eine Servierschüssel oder einzelne Schälchen oder Gläser füllen und mindestens 1 Stunde in den Kühlschrank stellen. Vor dem Servieren mit Orangenscheiben garnieren.

Kastaniencreme (S. 120)

RHABARBER-KOMPOTT

Für 4 Personen:
450g Rhabarber,
2 Eßlöffel brauner Zucker,
1 Eßlöffel geriebene Orangenschale,
1 Eßlöffel frischer Orangensaft,
1 Prise Ingwerpulver,
600ml einfaches, ungesüßtes Joghurt.

Eine Portion: Energie 135kcal/ 590kJ, Fett 2g, Ballaststoffe 3g

Den Rhabarber in 2,5cm lange Stücke schneiden und mit dem Zucker, der Orangenschale, dem Orangensaft und Ingwer bei schwacher Hitze weich dünsten. Abkühlen lassen.
Das Joghurt unterrühren und das Kompott vor dem Servieren mindestens 1 Stunde kaltstellen.

HERBSTPUDDING

Für 6 Personen:
ca. 10 Scheiben Vollkornbrot (Grahambrot) ohne Kruste,
750g Tafeläpfel, geschält, entkernt und geschnitzelt,
2 Eßlöffel Orangensaft,
75g Datteln, entsteint und gehackt,
25g blanchierte gehobelte Mandeln,
1 Teelöffel geriebene Orangenschale,
1/2 Teelöffel Zimt (nach Belieben).

Eine Portion: Energie 220kcal/ 930kJ, Fett 4g, Ballaststoffe 9g

Eine feuerfeste Form von 1,25 l Inhalt leicht ölen und mit etwa sechs Brotscheiben auslegen.
Die Äpfel in dem Orangensaft bei schwacher Hitze weichdünsten. Vom Herd nehmen. Die Datteln, die Mandeln, die Orangenschale und den Zimt (falls verwendet) zugeben. Die Hälfte dieser Mischung in die Form füllen. Eine weitere Scheibe Brot darauflegen und andrücken. Die restliche Apfelmasse darüber verteilen. Die Oberseite mit dem restlichen Brot belegen. Die Ränder gegebenenfalls abschneiden. Mit einem kleinen Teller und einem zusätzlichen Gewicht beschweren. 24 Stunden kaltstellen, dann auf eine Servierplatte stürzen.

Abwandlung:
Anstelle einfachen Grahambrots können auch Scheiben irgendeines Vollkorn-Früchtebrots verwendet werden.

ERDBEER-SOUFFLÉ

Für 6 Personen:
450g Erdbeeren, geputzt,
4 Eier, getrennt,
100g feiner Zucker,
feingeriebene Schale von 1 großen Orange,
3 Eßlöffel Orangensaft,
15g Gelatinepulver,
150ml einfaches, ungesüßtes Joghurt.
Zum Garnieren:
25g gehobelte Mandeln, geröstet und gehackt,
1 Orange, geschält und in Spalten zerteilt.

Eine Portion: Energie 190kcal/ 805kJ, Fett 6g, Ballaststoffe 3g

Die Erdbeeren zerquetschen oder im Mixer pürieren. Ein paar ganze Erdbeeren aufheben.
Das Eigelb mit dem Zucker, der Orangenschale und der halben Menge Saft in eine Schüssel geben. Die Schüssel über einen Topf mit schwach kochendem Wasser setzen und schlagen, bis eine cremige, blaßgelbe Masse entsteht. Vom Herd nehmen und weiterschlagen, bis die Creme abgekühlt ist.
Den restlichen Orangensaft in eine kleine Tasse gießen und die Gelatine darüberstreuen. Die Tasse ins heiße Wasserbad stellen und rühren, bis sich die Gelatine aufgelöst hat.
Das Erdbeermus zusammen mit dem Joghurt in die Eiermasse rühren und gründlich vermischen. Die aufgelöste Gelatine unterrühren. An einem kühlen Ort stehenlassen, bis die Masse dick wird und gerade zu erstarren beginnt. Das Eiweiß steifschlagen und unter die Masse heben. Für eine Souffléform mit ca. 1 l Inhalt

einen Rand aus Pergamentpapier herstellen, der die Form um 5cm erhöht. Die Soufflémasse hineingießen. Das Soufflé mindestens 2 Stunden im Kühlschrank kaltstellen.
Vor dem Servieren vorsichtig das Papier entfernen und die gehackten Mandeln an den Rand drücken. Die Oberseite mit den aufbewahrten Erdbeeren und den Orangenspalten garnieren.

QUARKSPEISE

Für 8 Personen:
Trockene Vollkorn-Brösel,
2 Eigelb,
75g feiner Zucker,
200g Quark oder fettarmer Frischkäse,
50g gemahlene Mandeln,
1 Eßlöffel gehacktes Orangeat und Zitronat gemischt,
3 Eßlöffel Sultaninen,
2 Teelöffel geriebene Zitronenschale,
2 mittlere Orangen, geschält und in Spalten zerteilt.

Eine Portion: Energie 140kcal/590kJ, Fett 4g, Ballaststoffe 2g

Den Boden und die Seiten einer leicht eingeölten Springform von 15cm Durchmesser mit den Vollkorn-Bröseln ausstreuen.
Das Eigelb mit dem Zucker schaumig schlagen. Den Käse, die Mandeln, Orangeat und Zitronat, die Sultaninen und die Zitronenschale hineinrühren. In die Form geben und die Oberfläche glattstreichen. Im vorgeheizten Backofen bei 180° (Gas Stufe 4) etwa 30 Minuten oder länger backen, bis die Masse fest ist.
Abkühlen lassen und aus der Form nehmen. Mit frischen Orangenspalten garnieren und servieren.

SOMERSET-BIRNEN

Für 4 Personen:
300ml trockener Apfelwein,
2 Streifen Zitronenschale,
1 Stange Zimt oder 1/4 Teelöffel Zimtpulver,
ein paar Tropfen rote Lebensmittelfarbe,
4 Tafelbirnen.
Zum Verzieren:
25g gehobelte Mandeln, geröstet.

Eine Portion: Energie 90kcal/380kJ, Fett 3g, Ballaststoffe 3g

Den Apfelwein mit der Zitronenschale, dem Zimt und der Lebensmittelfarbe (falls verwendet) in einen Topf geben. Zum Kochen bringen und zugedeckt 1 Minute kochen lassen.
Die Birnen sorgfältig schälen, ohne die Stiele zu entfernen. Aufrecht in eine feuerfeste Form stellen (wenn die Birnen umkippen, die Unterseite so beschneiden, daß sie stehenbleiben).
Den heißen Apfelwein darübergießen und die Birnen in der geschlossenen Form im vorgeheizten Backofen bei 180° (Gas Stufe 4) 30-40 Minuten dünsten und gelegentlich mit dem Apfelwein bestreichen.
Die geschmorten Birnen vorsichtig auf eine Schale setzen, die Schmorflüssigkeit durchseihen und darübergießen. Mit den Mandeln bestreuen und heiß oder kalt servieren.

PFLAUMEN-DESSERT

Für 4 Personen:
225g Trockenpflaumen, über Nacht in 450ml kaltes Wasser eingeweicht,
Schale von 1 Zitrone,
2 Eßlöffel Zitronensaft,
25g Zucker,
15g Gelatinepulver.
Zum Garnieren:
Blanchierte Mandeln.

Eine Portion: Energie 145kcal/620kJ, Fett 3g, Ballaststoffe 8g

Die Pflaumen mit der Einweichflüssigkeit in einen Topf geben. Die Zitronenschale zugeben und bei schwacher Hitze die Pflaumen garen.
Die Pflaumen in ein Sieb geben und die durchgeseihte Flüssigkeit aufbewahren. Die Pflaumen entsteinen und im Mixer pürieren. Den Zitronensaft und den Zukker in das Pflaumenpüree rühren. Mit dem aufbewahrten Kochsaft auf eine Menge von 750ml auffüllen.
Die Gelatine in 2 Eßlöffeln des Pflaumensafts bei schwacher Hitze auflösen und in die Pflaumenmasse rühren. In eine Form gießen und kaltstellen, bis die Masse erstarrt ist.
Vor dem Servieren die Pflaumenspeise aus der Form stürzen und mit blanchierten Mandeln garnieren.

KÄSEKUCHEN MIT PFIRSICHEN

Für 8 Personen:
Boden: 75g Margarine,
175g Zwiebäcke, zerstoßen,
1 Eßlöffel brauner Zucker.
Füllung:
350g Hüttenkäse, durch ein Sieb gedrückt,
150ml einfaches, ungesüßtes Joghurt,
50g feiner Zucker,
feingeriebene Schale von 1 Zitrone,
3 Eßlöffel Zitronensaft,
15g Gelatinepulver,
2 Eßlöffel Wasser,
2 Eiweiß.
Belag:
2 große Pfirsiche,
225g Himbeeren.

Eine Portion: Energie 280kcal/1170kJ, Fett 14g, Ballaststoffe 4g

Für den Boden die Margarine in einem Topf zerlassen, dann den zerstoßenen Zwieback und den Zucker hineinrühren. Diese Masse in eine leicht geölte Springform von 20cm Durchmesser geben und mit einem Löffelrücken glattstreichen. Den Boden kaltstellen.
Inzwischen die Füllung zubereiten. Dazu den Hüttenkäse mit dem Joghurt, dem Zucker, der Zitronenschale und dem Zitronensaft in eine Schüssel geben. Von dem Zitronensaft 1 Eßlöffel zurückbehalten. Die Käsemasse kräftig schlagen. Das Wasser in eine kleine Tasse geben, das Gelatinepulver darüberstreuen und die Tasse in einen Topf mit heißem Wasser stellen. Solange rühren, bis sich die Gelatine aufgelöst hat. In die Käsemasse rühren.

Käsekuchen mit Pfirsichen

Das Eiweiß steifschlagen und unter die Käsemasse heben. Die Masse auf den Boden in der Springform gießen und glattstreichen. In den Kühlschrank stellen, bis die Käsemasse erstarrt ist.
Vor dem Servieren mit dem Messer den Rand des Käsekuchens von der Form lösen und die Form öffnen. Die Pfirsiche halbieren, die Steine entfernen und die Hälften in Spalten schneiden. Die Schnittflächen mit dem zurückbehaltenen Zitronensaft bestreichen und den Käsekuchen mit den Pfirsichspalten und den Himbeeren garnieren. Bis zum Servieren kalt stellen.

KOMPOTT MIT JOGHURTSAUCE

Für 4 Personen:
300g gemischtes Trockenobst (Aprikosen, Pflaumen, Pfirsiche, Äpfel und Birnen),
500ml heißer Tee (ohne Blätter),
2 Eßlöffel ungesüßter Orangensaft,
2 Eßlöffel brauner Zucker,
1 kleine Zitrone, in dünne Scheiben geschnitten.
Sauce:
2 Eßlöffel Kokosraspeln,
1 Eßlöffel gehackte Walnüsse,
1/2 Teelöffel Ingwerpulver,
2 Teelöffel feingehackter frischer Ingwer (nach Belieben),
250g einfaches, ungesüßtes Joghurt.

Eine Portion: Energie 290kcal/ 1120kJ, Fett 7g, Ballaststoffe 3g

Das Trockenobst über Nacht mit dem Tee und dem Orangensaft in einer feuerfesten Form mit 1,25 l Inhalt einweichen. Den Zucker hineinrühren und die Zitronenscheiben darauf verteilen. Mit Folie abdecken und im vorgeheizten Backofen bei 180° (Gas Stufe 4) 40 Minuten dünsten. Die Zitronenscheiben entfernen.
Für die Sauce alle Zutaten verrühren und im Kühlschrank kaltstellen, bevor sie zu dem heißen Kompott gereicht wird.

APRIKOSEN-PUDDING

Für 6 Personen:
225g getrocknete Aprikosen, über Nacht in kaltem Wasser eingeweicht,
50g brauner Zucker,
geriebene Schale von 1/2 Zitrone,
2 Teelöffel Zitronensaft.
Makronen:
1 Eiweiß,
40g gemahlene Mandeln,
40g Haferflocken,
90g feiner Zucker.
Zum Bestreuen:
25g gehobelte Mandeln.

Eine Portion: Energie 265kcal/ 1120kJ, Fett 8g, Ballaststoffe 11g

Die Aprikosen in der Einweichflüssigkeit kochen, bis sie fast gar sind. Den Zucker zufügen und unter gelegentlichem Rühren 3-4 Minuten dünsten. Die Zitronenschale und den Zitronensaft zugeben und im Mixer zu einem glatten Püree verarbeiten.
Für die Makronen das Eiweiß steifschlagen, dann die restlichen Zutaten vorsichtig unter das Eiweiß heben. Die Masse in einen Spritzbeutel mit einer runden Öffnung von 1cm Durchmesser füllen und kleine Häufchen auf ein mit Reispapier belegtes Backblech setzen. Die Makronen im vorgeheizten Ofen bei 180° (Gas Stufe 4) etwa 20 Minuten backen, bis sie sich leicht verfärbt haben. Die Makronen anschließend auf einem Kuchengitter abkühlen lassen und das überstehende Reispapier abschneiden.
Die Makronen in einer flachen Schale anordnen. Das Aprikosenpüree in die Mitte geben und mit einem breiten Messer glattstreichen.

EXOTISCHES FRUCHTDESSERT

Für 6 Personen:
225g Mangos aus der Dose,
2 Eiweiß, steifgeschlagen,
450g Erdbeeren,
4 Kiwis, geschält und in Scheiben geschnitten.

Eine Portion: Energie 55kcal/230kJ, Fett geringfügig, Ballaststoffe 2g

Die Mangos mit dem Saft im Mixer pürieren. Das steifgeschlagene Eiweiß unterheben.
Ein paar Erdbeeren und Kiwischeiben zum Garnieren zurückbehalten. Die restlichen Früchte in eine Glasschale geben und mit dem Mangopüree bedecken. Mit den übrigbehaltenen Früchten garnieren.

GEFÜLLTE PFIRSICHE

Für 4 Personen:
4 große Pfirsiche,
1 Zimtstange,
2 ganze Nelken,
1/2 Teelöffel Pimentkörner,
6 Eßlöffel Orangensaft,
2-3 Eßlöffel Weinbrand (nach Belieben).
Füllung:
1 Ei, leicht verquirlt,
50g gemahlene Mandeln,
1 Eßlöffel feingehackter frischer Ingwer,
1 Eßlöffel brauner Zucker.

Eine Portion: Energie 175kcal/730kJ, Fett 8g, Ballaststoffe 4g

Die Pfirsiche halbieren und die Steine entfernen. Die Pfirsichhälften etwas aushöhlen und das herausgenommene Fruchtfleisch aufbewahren.
Für die Füllung das Ei mit den Mandeln, dem Ingwer, dem Zucker und dem Fruchtfleisch in eine Schüssel geben. Gründlich miteinander verrühren, dann in die Pfirsichhälften füllen. Die Pfirsichhälften in eine feuerfeste Form setzen, mit den Gewürzen bestreuen und mit dem Orangensaft begießen. Im vorgeheizten Backofen bei 180° (Gas Stufe 4) etwa 20 Minuten dünsten, bis die Pfirsiche gar sind (mit einem Spieß hineinstechen!).

PFIRSICHE UND HIMBEEREN

Für 4 Personen:
225g getrocknete Pfirsiche, über Nacht in kaltem Wasser eingeweicht,
225g tiefgefrorene Himbeeren, aufgetaut,
100g Vollkornbrösel,
65g brauner Zucker.

Eine Portion: Energie 250kcal/1040kJ, Fett 1g, Ballaststoffe 14g

Die Pfirsiche in der Einweichflüssigkeit in etwa 25 Minuten weich kochen. Die Pfirsiche und Himbeeren miteinander vermischen und nur soviel Kochsaft zugeben, daß die Früchte saftig sind.
Die Früchte in eine feuerfeste Form füllen und mit den mit Zucker vermischten Bröseln bestreuen. Im vorgeheizten Ofen bei 200° (Gas Stufe 6) etwa 12 Minuten überbacken, bis der Zucker karamelisiert ist und die Brösel knusprig sind.

TRAUBEN-DESSERT

Für 6-8 Personen:
450g einfaches, ungesüßtes Joghurt,
3 Eiweiß,
2 Teelöffel Aprikosenlikör (nach Belieben),
225g blaue Trauben, halbiert und entkernt,
225g weiße Trauben, halbiert und entkernt.

Eine Portion bei 6 Personen: Energie 95kcal/400kJ, Fett 1g, Ballaststoffe 1g
Eine Portion bei 8 Personen: Energie 70kcal/300kJ, Fett 1g, Ballaststoffe 1g

Das Joghurt in eine Schüssel geben. Das Eiweiß steifschlagen und unter das Joghurt heben. Den Aprikosenlikör, falls verwendet, hineinrühren.
Die Joghurtmasse abwechselnd mit den Trauben in Gläser schichten und ein paar Trauben zum Garnieren übrigbehalten.

PFIRSICHCREME

Für 4 Personen:
1 Eßlöffel Gelatinepulver,
6 Eßlöffel heißes Wasser,
1 Eßlöffel feiner Zucker,
150ml ungesüßtes Pfirsichpüree (aus getrockneten Pfirsichen hergestellt),
2 Eßlöffel Zitronensaft,
2 Eiweiß.
Zum Garnieren:
150ml einfaches, ungesüßtes Joghurt, gehackte Mandeln.

Eine Portion: Energie 160kcal/665kJ, Fett 5g, Ballaststoffe 4g

Das Gelatinepulver in dem heißen Wasser auflösen. Den Zucker zufügen und das Pfirsichpüree und den Zitronensaft unterrühren. Stehenlassen, bis die Masse kalt ist und gerade zu erstarren beginnt. Das Eiweiß steifschlagen und unter die Pfirsichmasse heben. In vier Glasschalen gießen und kaltstellen, bis die Masse erstarrt ist.
Unmittelbar vor dem Servieren das Joghurt darübergießen und mit gehackten Mandeln bestreuen.
Abwandlung:
Die Creme wie oben beschrieben herstellen und anstelle von Pfirsichen getrocknete Aprikosen verwenden.

ORANGEN-TÖPFCHEN

Für 4 Personen:
3 Eßlöffel Orangensaft,
1 1/2 Eßlöffel Zitronensaft,
1 1/2 Teelöffel Gelatinepulver,
350g Quark oder fettarmer Frischkäse,
6 Eßlöffel Buttermilch.
Zum Garnieren:
1 Orange, in Spalten zerteilt.

Eine Portion: Energie 115kcal/475kJ, Fett 4g, Ballaststoffe 1g

Den Orangen- und Zitronensaft in eine kleine Schüssel geben und mit dem Gelatinepulver bestreuen. Die Schüssel in einen Topf mit warmem Wasser stellen und vorsichtig erhitzen, bis die Gelatine sich aufgelöst hat.
Diese Flüssigkeit in den Mixer geben und den Quark und die Buttermilch zugeben. Zu einer glatten Masse schlagen. Die Masse auf kleine Souffléformen oder Dessertgläser aufteilen. Kaltstellen.

Getränke

GEMÜSE-COCKTAIL

Menge 750ml:
2 innere Selleriestengel mit Blättern, in Streifen geschnitten,
1 mittelgroße Möhre, geschabt und in Scheiben geschnitten,
1 Stück Gurke von 5cm Länge, in Scheiben geschnitten,
1 Frühlingszwiebel, in Streifen geschnitten,
6 große Stengel Brunnenkresse,
450ml Tomaten- oder Orangensaft, frisch oder tiefgefroren,
Minze- oder Basilikumblätter,
frisch gemahlener schwarzer Pfeffer,
150ml Wasser,
Eiswürfel.

Gesamtgehalt: Energie 190kcal/800kJ, Fett geringfügig, Ballaststoffe 4g

Alle Gemüsesorten in den Mixer geben und soviel Orangen- oder Tomatensaft zugeben, daß die Schneidmesser gerade bedeckt sind. 30 Sekunden pürieren. Zum Orangensaft Minzeblätter zugeben, zum Tomatensaft Basilikumblätter. Dann den Pfeffer, den restlichen Saft, das Wasser und die Eiswürfel zugeben und weitere 30 Sekunden mixen.
Den Cocktail als Vorspeise oder Zwischenmahlzeit servieren. Bis zum Verbrauch im Kühlschrank aufbewahren.

ZITRONEN-LIMONADE

Menge ca. 750ml:
3 Zitronen, geschält und kleingehackt,
1 Eßlöffel klarer Honig,
600ml Eiswasser.
Zum Garnieren:
2 Eßlöffel gehackte frische Minze,
Wasser.

Gesamtgehalt: Energie 65kcal/275kJ, Fett vernachlässigbar, Ballaststoffe 8g

Die Minze in einen Eiswürfelbehälter legen, mit Wasser bedecken und einfrieren.
Die Zitronen zusammen mit dem Honig und dem Eiswasser im Mixer zu einer glatten Masse schlagen.
Die Limonade in hohen Gläsern mit Minze-Eiswürfeln servieren.

APRIKOSEN-PUNSCH

Für 8-10 Personen:
225g getrocknete Aprikosen, über Nacht in kaltem Wassser eingeweicht,
75g feiner Zucker,
250ml Orangensaft,
2 Eßlöffel Zitronensaft,
250ml trockener Apfelwein,
Sprudel zum Servieren.
Zum Verzieren:
Borretsch- oder Minzestengel, glasierte Kirschen (nach Belieben).

Eine Portion bei 8 Personen: Energie 110kcal/465kJ, Fett geringfügig, Ballaststoffe 7g
Eine Portion bei 10 Personen: Energie 90kcal/375kJ, Fett geringfügig, Ballaststoffe 5g

Die Aprikosen mit dem Zucker in der Einweichflüssigkeit garen, dann im Mixer pürieren. Den Orangen- mit dem Zitronensaft und dem Apfelwein in eine große Schüssel geben und mit dem Aprikosenpüree verrühren. Kaltstellen.
Für jede Person ein Punschglas zu einem Drittel mit Aprikosenpunsch füllen. Mit Sprudel auffüllen und das Getränk mit einem Borretsch- oder Minzestengel und, falls gewünscht, einer Kirsche verzieren.

Aprikosenpunsch

ERDBEERTRANK

Für 4 Personen:
175g frische Erdbeeren, geputzt,
1-2 Teelöffel feiner Zucker,
300ml gekühlter, ungesüßter Orangensaft, Eiswürfel.

Eine Portion: Energie 50kcal/215kJ, Fett geringfügig, Ballaststoffe 1g

Die Erdbeeren mit dem Zucker und dem Orangensaft in den Mixer geben und 1/2 - 1 Minute pürieren. In 4 Gläser füllen und in jedes Glas einen Eiswürfel geben.
Abwandlung:
Die Erdbeeren mit dem Zucker pürieren, in die Gläser geben und mit gekühltem Sprudel auffüllen.

MOKKA-MILKSHAKE

Für 1 Person:
175ml fettarme Milch, gekühlt,
2 Teelöffel Carob-Pulver (Johannisbrotbaum-Pulver),
1/2 Teelöffel Schnellkaffeepulver,
2 Teelöffel ungesüßtes Kastanienpüree,
1 Eiweiß.
Zum Bestreuen:
1 Teelöffel gehackte Haselnüsse.

Eine Portion: Energie 155kcal/650kJ, Fett 6g, Ballaststoffe 1g

Alle Zutaten im Mixer pürieren, bis das Getränk schaumig ist. In ein hohes Glas gießen und mit den gehackten Haselnüssen bestreuen.

NEKTARINEN-COCKTAIL

Für 1 Person:
25g blanchierte Mandeln,
175ml Eiswasser,
1 Nektarine, entsteint.

Eine Portion: Energie 180kcal/750kJ, Fett 13g, Ballaststoffe 6g

Die Mandeln mit 4 Eßlöffeln Wasser in den Mixer geben und zerkleinern. Das restliche Wasser und die Nektarine zugeben und glattschlagen. Gut gekühlt servieren.

BANANEN-COOLER

Für 1 Person:
25g ungesalzene Erdnüsse,
175ml Eiswasser,
1 Banane,
1 Eßlöffel Zitronensaft,
1 Prise Zimt.

Eine Portion: Energie 200kcal/845kJ, Fett 12g, Ballaststoffe 5g

Die Erdnüsse und 4 Eßlöffel Wasser in einen Mixer geben und pürieren. Das restliche Wasser, die Banane, den Zitronensaft und den Zimt zugeben. Glattschlagen.
Gut gekühlt servieren.

ROTER PAPRIKA-COCKTAIL

Für 3 Personen:
450ml einfaches, ungesüßtes Joghurt,
185g rote Paprika, entkernt und feingehackt.
Zum Garnieren:
Brunnenkresse.

Eine Portion: Energie 90kcal/360kJ, Fett 1g, Ballaststoffe 1g

Die rote Paprika mit dem Joghurt im Mixer glattschlagen. Gut gekühlt in Weingläsern servieren. Mit Brunnenkresse garnieren.
Abwandlung:
Statt der roten Paprika grüne Paprika verwenden und mit feingehacktem Schnittlauch bestreuen.

NUSSGETRÄNK AUS BRASILIEN

Für 1 Person:
25g Paranüsse,
4 Eßlöffel Eiswasser,
1 Eßlöffel Zitronensaft,
1 große Orange, geschält und in Spalten zerteilt.

Eine Portion: Energie 190kcal/790kJ, Fett 15g, Ballaststoffe 4g

Die Nüsse mit dem Wasser im Mixer zerkleinern. Den Zitronensaft und die Orangenspalten zugeben und zu einer glatten Masse schlagen. Gut gekühlt servieren.

Rezepte für die Vorratshaltung

FRISCHE TOMATENSAUCE

Menge 900ml:
4 Eßlöffel Olivenöl,
2 mittlere Zwiebeln, gehackt,
2 Knoblauchzehen, zerdrückt,
450g Tomaten, gehackt,
1 Selleriestange,
in dünne Streifen geschnitten,
150ml Hühnerbrühe,
frisch gemahlener schwarzer Pfeffer,
1 Prise Oregano oder
gehackte frische Petersilie,
1 Prise Zucker.

Gesamtgehalt: Energie 640kcal/ 2680kJ, Fett 60g, Ballaststoffe 9g

Von dieser Sauce sollte man eine größere Menge herstellen, wenn die Tomaten gerade preiswert sind. Man kann sie nämlich nach Bedarf portioniert in Plastikbehältern einfrieren.
Das Öl in einem Topf erhitzen und die Zwiebeln mit dem Knoblauch dünsten, bis sie hellbraun gefärbt sind. Die Tomaten und den Sellerie zugeben und bei schwacher Hitze 5 Minuten dünsten. Die Brühe, Pfeffer nach Geschmack, die Kräuter und den Zucker zugeben und weitere 10 Minuten dünsten. Im Mixer zu einer glatten Masse schlagen.
Abwandlung:
Wenn Sie eine schärfere Sauce haben wollen, dünsten Sie mit den Tomaten eine feingehackte Chilischote mit.

PFIRSICH-MÜSLI

Menge 450g:
225g Haferflocken,
25g Haferkleie,
25g Weizenkeime,
50g Haselnüsse, gehackt,
50g getrocknete Pfirsiche, gehackt,
50g getrocknete Äpfel oder
Birnen, gehackt.

Gesamtgehalt: Energie 1445kcal/ 6075kJ, Fett 40g, Ballaststoffe 46g

Alle Zutaten miteinander vermischen und in einem Schraubglas aufbewahren.

FRISCHE GEMÜSESAUCE

Menge 300ml:
1 rote oder grüne Paprika, entkernt und gehackt,
1 mittlere Zwiebel, gehackt,
2 Selleriestangen, gehackt,
6 Tomaten, gehackt,
2 Thymianstengel,
4 Eßlöffel gehackte frische Petersilie,
frisch gemahlener schwarzer Pfeffer,
2 Knoblauchzehen, zerdrückt (nach Belieben),
1 dünner Streifen Zitronenschale.

Gesamtgehalt: Energie 70kcal/295kJ, Fett geringfügig, Ballaststoffe 6g

Alle Zutaten in den Mixer geben und 1 Minute pürieren. Dann kaltstellen. Diese Sauce kann auch hergestellt werden, indem man alle Zutaten sehr fein hackt.

DATTEL-CHUTNEY

Menge ca. 500g:
450g Datteln, entsteint und kleingehackt,
1 kleine Zwiebel, feingehackt,
150ml Apfelessig,
1 Eßlöffel geriebene Orangenschale,
1/2 Teelöffel gemahlene Nelken,
1/2 Teelöffel gemahlenes Mischgewürz,
frisch gemahlener schwarzer Pfeffer.

Gesamtgehalt: Energie 1135kcal/4760kJ, Fett geringfügig, Ballaststoffe 60g

Alle Zutaten in eine große Schüssel geben und gründlich miteinander vermischen. Zugedeckt 24 Stunden in den Kühlschrank stellen.
Das Dattel-Chutney innerhalb einer Woche verbrauchen.

ROTE-BEETE-CHUTNEY

Menge ca. 2kg:
1,5kg gekochte Rote Beete, kleingewürfelt,
750g Kochäpfel, entkernt und gehackt,
2 große Zwiebeln, gehackt,
600ml Apfelessig,
1 Teelöffel Ingwerpulver,
225g brauner Zucker.

Gesamtgehalt: Energie 1895kcal/7955kJ, Fett geringfügig, Ballaststoffe 60g

Alle Zutaten außer der Roten Beete in einen großen Topf geben. Bei schwacher Hitze zum Kochen bringen und in ca. 20 Minuten garen. Die Rote Beete zugeben und noch 10 Minuten dünsten.
Diese Masse in angewärmte Gläser füllen und nach dem Abkühlen gut verschlossen aufbewahren.

ERDNUSSBUTTER

Menge ca. 350g:
300g ungesalzene Erdnüsse,
15g Weizenkeime,
2 Teelöffel Zitronensaft,
1 Teelöffel Olivenöl,
6 Eßlöffel kaltes Wasser,
6 Eßlöffel Sesamkörner, gemahlen.

Gesamtgehalt: Energie 2335kcal/ 9805kJ, Fett 100g, Ballaststoffe 39g

Die Erdnüsse auf ein Backblech legen und im vorgeheizten Backofen bei 200° (Gas Stufe 6) etwa 7-8 Minuten rösten, bis die Häute geplatzt sind. Aus dem Ofen nehmen und die Häute entfernen. Alle Zutaten in den Mixer geben und pürieren. Gegebenenfalls noch mit einem Holzlöffel schlagen, bevor man die Erdnußbutter in ein Schraubglas füllt.

PFLAUMENSAUCE

Menge 250ml:
225g reife Damaszenerpflaumen, halbiert und entsteint,
1 1/2 Eßlöffel brauner Zucker,
2 Eßlöffel gehobelte Mandeln, gehackt,
3 Streifen Orangenschale, je 2,5cm lang,
4 Eßlöffel Orangensaft.

Gesamtgehalt: Energie 310kcal/ 1305kJ, Fett 16g, Ballaststoffe 14g

Alle Zutaten in einen mittelgroßen Topf geben, zum Kochen bringen und zugedeckt etwa 5 Minuten leise kochen lassen, bis die Pflaumen gar sind. Abkühlen lassen und die Orangenschalen wieder herausnehmen.

Die Früchte mit dem Saft in den Mixer geben und zu einem glatten Püree schlagen. Heiß oder kalt servieren. Diese Sauce kann im Kühlschrank 2-3 Tage aufbewahrt werden.

DATTEL-AUFSTRICH

Menge ca. 400g:
350g Datteln, entsteint,
275ml ungesüßter Orangensaft.

Gesamtgehalt: Energie 970kcal/ 4080kJ, Fett geringfügig, Ballaststoffe 30g

Die Datteln sehr fein hacken oder in der Küchenmaschine zerkleinern. Dann die Datteln mit dem Orangensaft in einen Topf geben und bei schwacher Hitze etwa 5 Minuten dünsten.
Abkühlen lassen und im Kühlschrank aufbewahren.

Ballaststoffe in der Nahrung

Die folgende Tabelle enthält den Ballaststoffgehalt einiger Nahrungsmittel. Denken Sie daran, daß man Ballaststoffe nur in Nahrungsmitteln pflanzlichen Usprungs findet: in Getreideprodukten, Hülsenfrüchten, Obst, Nüssen und Gemüse. Geflügel, Fleisch, Fisch und Molkereiprodukte enthalten keine Ballaststoffe.
Der Ballaststoffanteil ist in g pro 100g angegeben.

MEHLSORTEN UND KÖRNER

Weizenkleie	44 g
Vollkornmehl	10 g
Vollkornnudeln	10 g
Hafermehl	7 g
Perlgerste	6 g
Sesamkörner	5 g
Naturreis	4 g
Weizenmehl (Weißmehl)	3 g
Maismehl	2 g
Weizenschrot	2 g
Popcorn	2 g
Weißer Reis	2 g

FRÜHSTÜCKS-FLOCKEN

Cornflakes	11 g
Rice Krispies	4 g

HÜLSENFRÜCHTE

Grüne Bohnen	25 g
Kidney-Bohnen	25 g
Kichererbsen	15 g
Linsen, getrocknet	12 g
Trockenerbsen	12 g
Weiße Dosenbohnen	7 g
Mung-Bohnen	4 g

BROT

100% Vollkornbrot (pro Scheibe durchschnittl. 3g)	8 g
Weißbrot (pro Scheibe durchschnittl. 1g)	3 g

NÜSSE (ohne Schalen)

Kokosnuß, getrocknet	24 g
Mandeln	14 g
Paranüsse	10 g
Erdnüsse	8 g
Eßkastanie	7 g
Haselnüsse	6 g
Walnüsse	5 g

GEMÜSE

Erbsen, tiefgefroren	8 g
Spinat	6 g
Gemüsemais aus der Dose	6 g
Dicke Bohnen	4 g
Brokkoli	4 g
Rosenkohl	4 g
Artischocken	4 g
Oliven	4 g
Rote Beete	3 g
Rotkohl	3 g
Möhren	3 g
Grüne Bohnen	3 g
Lauch	3 g
Frühlingszwiebeln	3 g
Weiße Rübe	3 g
Brunnenkresse	3 g
Auberginen	2 g
Weißkohl	2 g
Blumenkohl	2 g
Sellerie	2 g
Kopfsalat	2 g
Pilze	2 g
Pellkartoffeln (mit Schale)	2 g
Tomaten, frisch	2 g
Fenchel	1 g
Gewürzgurken	1 g
Kohlrabi	1 g
Zwiebeln	1 g
Paprika	1 g
Radieschen	1 g

BEEREN UND FRÜCHTE

Aprikosen, getrocknet	24 g
Feigen, getrocknet	18 g
Passionsfrucht (ohne Schale)	16 g
Pflaumen, getrocknet	16 g
Pfirsiche, getrocknet	14 g
Schwarze Johannisbeeren	9 g
Korinthen	9 g
Datteln, getrocknet	9 g
Rote Johannisbeeren	8 g
Brombeeren	7 g
Rosinen	7 g
Himbeeren	7 g
Sultaninen	7 g
Zitronen, ganz	5 g
Preiselbeeren	4 g
Bananen	3 g
Stachelbeeren	3 g
Rhabarber	3 g
Äpfel (mit Schale)	2 g
Aprikosen	2 g
Avocados	2 g
Kirschen	2 g
Mangos	2 g
Nektarinen	2 g
Orangen	2 g
Birnen	2 g
Pflaumen	2 g
Erdbeeren	2 g
Aprikosen, eingemacht	1 g
Trauben	1 g
Grapefruit	1 g
Honigmelone	1 g
Pfirsiche, frisch	1 g
Ananas, frisch	1 g

Register

S

T

V

W

Z